三苏文化

眉州三苏

苏洵、苏轼与苏辙的人生故事

郦波 著

四川人民出版社

图书在版编目（CIP）数据

眉州三苏：苏洵、苏轼与苏辙的人生故事 / 郦波著 .
-- 成都：四川人民出版社，2023.6
ISBN 978-7-220-13257-5

Ⅰ . ①眉… Ⅱ . ①郦… Ⅲ . ①苏洵（1009-1066）-人物研究②苏轼（1036-1101）- 人物研究③苏辙（1039-1112）- 人物研究 Ⅳ . ① K825.6

中国国家版本馆 CIP 数据核字（2023）第 093753 号

MEIZHOU SANSU: SUXUN SUSHI YU SUZHE DE RENSHENG GUSHI

眉州三苏：苏洵、苏轼与苏辙的人生故事

郦波 著

出 版 人	黄立新
图书策划	夏德元
责任编辑	李淑云　朱雯馨
装帧设计	今亮後聲 HOPESOUND 2580590616@qq.com · 闫　磊
责任校对	舒晓利　林　泉　吴　玥
责任印制	周　奇
出版发行	四川人民出版社（成都三色路 238 号）
网　　址	http：//www.scpph.com
E-mail	scrmcbs@sina.com
新浪微博	@ 四川人民出版社
微信公众号	四川人民出版社
发行部业务电话	（028）86361653 86361656
防盗版举报电话	（028）86361653
印　　刷	成都国图广告印务有限公司
成品尺寸	148mm × 210mm
印　　张	10
字　　数	190 千
版　　次	2023 年 6 月第 1 版
印　　次	2023 年 6 月第 1 次印刷
书　　号	ISBN 978-7-220-13257-5
定　　价	58.00 元

前言

林语堂在评价苏轼时说："像苏东坡这样的人物，是人间不可无一难能有二的……苏东坡的人品，具有一个多才多艺的天才的深厚、广博、诙谐，有高度的智力，有天真烂漫的赤子之心——这些品质之荟萃于一身，是天地间的凤毛麟角，不可多见的。而苏东坡正是此等人！"信然。

2000年，法国《世界报》辟出专栏，评选了十二位生活在公元1000年前后的东西方人物，称之为"千年英雄"，苏轼是唯一入选的中国人。"苏轼身上有一些文人普遍的特征，即使作为法国人，也是能感受和理解的。"此专栏文章作者让-皮埃尔·朗热利耶这样评价说。

苏轼是罕见的全才，除了在散文、诗词和书法、绘画等方面的成就，他还在音乐、茶道、美食方面颇有建树。这样充满人间烟火气的文人，伟大又让人倍感亲切，理所当然地受到世界各国人民的喜爱。苏轼的一生，是坎坷的一生，也是快乐幸福的一生。正如法国作家罗曼·罗兰所说："这个世界上只有一种真正的英雄主义，那就是认清生活的真相并且仍然热爱它。"当许多人为人生的痛苦所煎熬时，他却能够像清风一

郦　波

癸卯暮春
于金陵水云居

样度过一生。“人生如逆旅，我亦是行人。”在坎坷而颠簸的命运中，苏轼收获了快乐而丰富的人生。

苏轼的选择不是偶然的，而是与他的家风传承和家学渊源有着密不可分的关系。

苏轼是苏洵的儿子，是苏辙的兄长。他的父亲苏洵与兄弟苏辙都有着独特的人格魅力，也都取得了堪称辉煌的文学成就，对中国文化与文明做出了重要贡献，对他的人生成长也有不可忽视的重要影响。

早在学生时代，三苏的诗词我就烂熟于心。结合这么多年的人生经历，我日益感觉到三苏是一座蕴藏着永恒价值的思想宝库，是可以作为人生范本来加以研究和学习的。

苏洵思想丰富、深刻，苏轼境界豪迈、大气，苏辙性格宽厚、弘毅。他们各自成就了自身的传奇，光辉闪耀古今。三苏父子不只在文学方面取得了令人瞩目的成就，他们身上还有很多人性的闪光点值得我们探究、学习。不论是待人接物的风度，还是面对人生得意或低谷时的态度，到现在都依然能给予我们启示和鼓舞。

魏晋时有个大名士叫殷浩，他说前半生以为人生最困难的是“我与世周旋”，到最后才发现人生的根本其实是“我与我周旋”。一念起，然后知善恶，知道光明黑暗分别在哪里，那我与我的周旋就成功了，我与我的矛盾就解决了。与他人达成和解，与自我达到和谐，可以说是人生的最高境界。

苏轼在遇到人生艰难时将精力投入艺术创作，投入朴质的生活，才慢慢进阶成一位伟大的意境超然的文学巨匠。所谓境界，就是一种人生格局和把握世界万物的思维高度。我们或许达不到苏轼那么大的人生格局和那么高的思维高度，但可以学习他看待问题的态度，把心胸放宽。苏辙与苏轼不同，他的性格特点在于他的行动力，他的合作精神。而苏洵的闪光之处则在于不断丰富思想，充实内心的思考力。

当人生迷茫、踌躇时，他们的哲思能够给予我们人生的指引："不识庐山真面目，只缘身在此山中。"

当我们沮丧、徘徊时，他们的精神能够带来心灵的激荡："谁怕？一蓑烟雨任平生！"

当踽踽独行、失意寂寞时，他们的人生态度则是我们可以汲取智慧和力量的源头活水："却道：此心安处是吾乡！"

目录

苏洵

知我　启我　助我

思想家父亲

八大家中的另一家

苏轼

黄州　惠州　儋州

万古人间四月天

最包容的朋友圈

千年英雄　一代宗师

苏辙

安静的“愤青”

宰辅之才

与君世世为兄弟

苏洵

《三字经》云："苏老泉，二十七。始发愤，读书籍。"

一代散文大家苏洵，为什么直到二十七岁才开始奋发图强，认真读书？

他又是如何将两个儿子培养成文学大家，并创造出"一门三苏惊天下"的文坛佳话？

知我 启我 助我

中国文学史上英才辈出、人文荟萃，其中有一个十分有趣的现象，就是常常有父子、兄弟因在文坛上并驾齐驱而被人们合称。三国时期有曹操、曹丕、曹植之“三曹”，西晋有张载、张协、张亢之“三张”，南唐有李璟、李煜之“南唐二主”，宋代有晏殊、晏几道之“二晏”，明代有袁宗道、袁宏道、袁中道之“三袁”。

他们或开一代文风，或共同创造了足以名垂青史的巨大文学成就，因而传为佳话，并被文学史家所称道，为历代读书人和普通民众所景仰。而在整个文学史中，要论最有名、所创造的文学与文化成就最高的，毫无

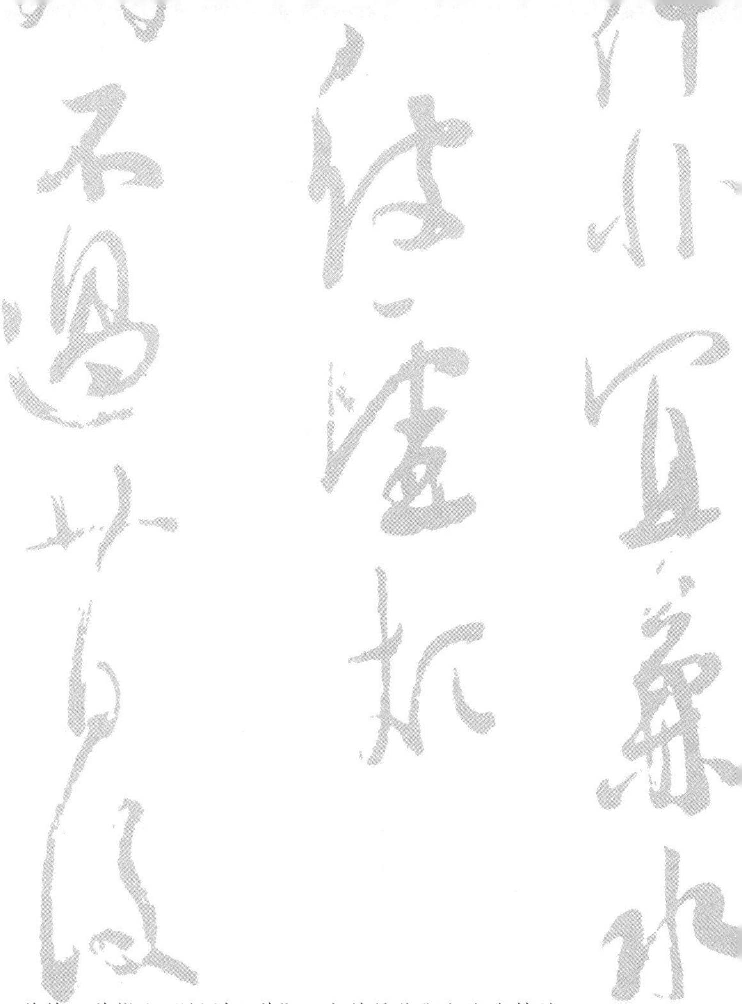

疑问当属北宋苏洵、苏轼、苏辙之“眉州三苏”。尤其是他们与当代精神之间千丝万缕的联系，更能够作为人生范本，令当代人从中汲取营养。

眉州（今四川省眉山市）自古以来文化鼎盛，学风蔚然，更因三苏父子的不凡成就为世人所瞩目。苏轼、苏辙兄弟后来之所以成为北宋文坛两颗极其耀眼的明星，和父亲苏洵的言传身教是密不可分的。那么，苏洵自己又是如何走出属于他人生的星光大道，并成为“唐宋八大家”之一的呢？

这就又和苏轼的爷爷、苏洵的父亲有关了。

知我者吾父

苏洵的父亲名叫苏序。

苏序（973—1047），字仲先，“娶史氏夫人，生子三人，长曰澹，次曰涣，季则洵也”。（苏洵《苏氏族谱》）他为人谦和风趣，乐善好施，极受当地民众爱戴。在眉州，提起苏序没有不称赞的。

苏序是一个仁者。

苏洵曾经这样评价自己的父亲：“表里洞达，豁然伟人也。性简易，无威仪，薄于为己而厚于为人，与人交，无贵贱皆得其欢心。”（苏洵《苏氏族谱》）就是说，苏序胸襟开阔、磊落，为人坦荡、豁达，洞明世事。性子平易，待人谦和，是天生的乐天派。为自己打算得少，为他人考量得多。不论什么样的人，他都能很好地相处。

从这个方面来看，苏轼最像他的祖父苏序。苏轼曾说，“公幼疏达不羁”（苏轼《苏廷评行状》），说自己的祖父为人旷达，狂放不羁。作为一个乐观、豁达之人，苏序不仅活得坚强、身体硬朗，更重要的是他超然于世，快乐一世。

比如，路上有人来了，苏序总是站在一旁鞠躬行礼，看到士大夫是这样，看到平民百姓也同样如此。礼待他人，首先想到的是他人，这就是“厚于为人”的表现。又比如，他为人十分低调，在村里行走，从来不骑马。原因是若“有甚老于我而行者，吾乘马，无以见之”（苏洵《苏氏族谱》），那就太失礼了。

苏家祖辈乐善好施，苏序也不例外。这就是榜样的力量。

身为“苏门六君子”之一的李廌曾经在《师友谈记》中引述了老师苏轼讲过的两件事：

> 顷年在乡里郊居，陆田不多，惟种粟。及以稻易粟，大仓储之，人莫晓其故。储之累年，凡至三四千石。会眉州大饥，太傅公即出所储，自族人，次外姻，次佃户、乡曲之贫者，次第与之，皆无凶岁之患。或曰：“公何必粟也？”“惟粟性坚，能久，故可广储以待匮尔。”又绕宅皆种芋魁，所收极多，即及时多盖薪刍，野民乏食时，即用大甑蒸之，罗置门外，恣人取食之，赖以无饥焉。

文中的“太傅公”就是苏序。

李膺的记载中说，苏序和别人不一样，他不仅在自家旱地里种粟，而且把家里的稻谷换成粟米，同时建起大仓库来储藏。乡人都不知道他这么做的目的，连家人也不理解。多年之后，苏序竟然存下了三四千石的粟。

天有不测风云，灾荒突然发生，稻米收成极差，人们开始挨饿，当地衙门与百姓都为粮食而发愁。这时候，苏序挺身而出，把自己储藏的粟米悉数取出，全用来赈济族人与乡亲，使得这些人在饥荒之年没有饿死。粟米成了饥馑之年的救命粮。

因为是赈灾与救济乡亲，天生乐善好施的苏序并不为这些粮食收取分文，全是无偿救助。“人将偿之，君辞不受。”（曾巩《赠职方员外郎苏君墓志铭》）乡亲们此时得见苏序的仁爱，个个感佩之至。

李膺的记载中还提到，苏序让人在房前屋后种了许多芋头，收获颇丰。苏序把这些芋头用柴草覆盖，收藏起来。遇到灾荒之年，这些芋头都派上了用场。苏序叫人用大甑将芋头蒸熟，摆放在门外，供饥饿的人们取食。有了芋头，能够果腹充饥，人们饿肚子的问题就解决了。

当李膺充满感情地记述苏轼祖父当年的做法时，我们可以想象，苏序待人的友善、仁义，对苏轼兄弟成长所起到的重要影响。

仁爱、友善是一种人生态度，更是一种思想境界。孟子说："老吾老以及人之老，幼吾幼以及人之幼，天下可运于掌。"（《孟子·梁惠王上》）说的就是仁爱、友善的人拥有同理心，往往能够做到推己及人，以温情之心对待其他社会成员，创造一种和谐、温馨的社会交往环境。

在《岳阳楼记》中写出"先天下之忧而忧，后天下之乐而乐"这一脍炙人口的千古名句的范仲淹，不仅为官清廉，而且乐善好施。

范仲淹很小就刻苦自立，后来考中进士，步入仕途，官居高位。但不论何时，他都没有忘记过自己故乡的父老乡亲。后来，范仲淹回到故乡苏州，置田千亩作为义田，选派宗族间品德高尚的人来经营管理，以所得租米分给贫苦的亲戚族人，供他们衣食之用；以额外收入兴建义学，供本族贫寒子弟读书……这也正是范仲淹想实现自己"先天下之忧而忧，后天下之乐而乐"理念的一种尝试。

范仲淹认为救人于危难是做人的本分，并常以此教育子女。他的儿子范纯仁也是北宋有名的大臣，人称"布衣宰相"。

范纯仁年轻时，一次遵父命往家乡苏州运送一船麦子，途经丹阳，巧遇范仲淹的熟人石曼卿。石曼卿因为亲人亡故，却没有钱办丧礼，已经困居多时。范纯仁一听，便将麦子和船即刻变卖，筹得钱款送给了石曼卿。范纯仁回到家中，正想着如何向父亲解释事情的经过，范仲淹却先问他："这次到苏州，有没有碰到什么朋友？”范纯仁回答说：“我在丹阳见到了石曼卿，他因为没有钱办丧事滞留在那里，十分困苦！”听言至此，范仲淹着急地说道：“那你为何不把麦船赠予他？”范纯仁赶忙说，自己已经如此办了。范仲淹听罢，非常高兴，把范纯仁大大夸奖了一番。

不论是苏序还是范仲淹，他们的内心都充满了仁爱。而且真正的仁爱，不在于锦上添花，而在于关键时刻能雪中送炭，救人于危难困顿之中。

苏序是一个智者。

苏序践行着仁爱、友善的优秀传统，不仅“谦而好施，急人患难”（苏轼《苏廷评行状》），而且非常有智慧、有远见。粟米救灾、芋头助人，不仅说明苏序是一个真正的仁者，还可以见出苏序的智慧，说明他是一个智者。

当有人问他为什么要储藏那么多的粟米时，苏序解释说，只有粟米耐储存，时间长了也不会发生霉变。他大量储存粟米，就是为了救荒之用。这些看似平常的事，常人未必能看见，能看见的就叫有远见。有远见且处世超然，那么就能够成为一个有“三达德”（智、仁、勇）的人。

儒家文化是一门讲求君子修身立德、安身立命的学问，孔子更是将德行视为修身之本。

孔子云："知者不惑，仁者不忧，勇者不惧。"（《论语·子罕》）他认为，君子需要具备多样的品格，而智、仁、勇无疑是最重要的三个方面。在孔子看来，拥有智慧的人不会迷惑，具有仁德之心的人不会忧愁，富有勇气的人不会畏惧。他推崇君子要大智若愚、仁礼兼备、聪慧睿智，要自觉、自主地修炼自己的德行，从而更好地践行于日常生活之中。诚如胡适所言："孔子指出一种理想的模范，作为个人及社会的标准，使人'拟之而后言，仪之而后动'。他平日所说'君子'便是人生品行的标准。"（胡适《中国哲学史大纲》）

苏序还是一个勇者。

孔子所推崇的"智、仁、勇"，苏序一样不缺。

水患肆虐、灾疫横行、人心纷乱之际，往往也是迷信与骗术大行其道之时。

灾荒之年，官府虽有救助，但还是会有很多不可控的事情发生。某些人趁乱装神弄鬼，蛊惑人心，无端搞出一个茅将军神，借机大发横财。

大智大勇的苏序实在看不下去，一天，他突然来到当地一个最大的茅将军庙里。神汉们正在施法求神，百姓们茫然无措，惶惶不安。苏序冲进人群，二话不说，带着人把神像砸个粉碎，抛到溪水里。

因为苏序在乡里德高望重，所有人都非常敬重他，见他如此行事，在场的人笃信他必有道理，所以纷纷散去。在苏序行为的感召下，大家渐悟迷信之非。不久之后，拜神之事终于销声匿迹。

不过，眉州的茅将军虽然绝迹了，眉州之外的茅将军却依然泛滥。

三年后，苏序的次子苏涣中了进士，苏序前往剑门迎接。路过一个叫作七家岭的地方，见到当地也有个茅将军庙，而且香火很盛，信徒众多。他十分恼火，“方欲率众复毁”（李廌《师友谈记》）。

这时，突然有个庙吏上前拦住他，苦苦哀求他不要砸庙。

庙吏说，我就知道您今天要来。因为昨天晚上茅将军托梦给我，说明天苏七君要到七家岭来，他要大难临头了，叫我一定替他来求苏七君放过他。

苏序兄弟姊妹共九人，他排老七，所以人们称他“苏七君”。当地人后来纷纷传颂此事，认为苏序满身仁气、正气、侠气，他的操守与德望是连鬼神也敬畏的。

中华优秀传统文化所孕育的以智、仁、勇“三达德”为代表的中国精神，在中华民族发展的各个阶段凝聚了中国力量，发挥了重要的历史作用。

我们常常从历史记载或艺术作品中看到许多坚定而勇敢的英雄人物，他们能够认清方向，并在努力走向目标的过程中不畏强暴，不屈不挠。

一次，孟子在与学生公孙丑的对话中提出了“浩然之气”这一说法。公孙丑好奇地向孟子请教，说如果您得到齐国国君的支持，能够以一己之力教化天下，会不会因此而动心。孟子回答说，不会。能够做到不动心，能够保持本心、坚守正义的条件之一就是“善养吾浩然之气”（《孟子·公孙丑上》）。

在孟子看来，浩然之气发自人的本心，能够通过合宜的行为和适当的保养维持并生发开来，产生无穷的力量，充满人心乃至充塞天地之间。

当公孙丑继续请教浩然之气是什么的时候，孟子说：

> 难言也。其为气也，至大至刚，以直养而无害，则塞于天地之间。其为气也，配义与道；无是，馁也。是集义所生者，非义袭而取之也。行有不慊于心，则馁矣。我故曰，告子未尝知义，以其外之也。必有事焉，而勿正，心勿忘，勿助长也。

在这段话里，孟子虽然没有对浩然之气下定义，但通过描述人对浩然之气的感受来加以解释。我们从中可以得知，这是内心感受到的一种强大的正面力量。正是由于有着强大的内心，苏序在面对选择时，不怯懦、不彷徨，挺身入局，做出与自己本心相符的选择。

在中国五千年的文明史上，从孟子到文天祥，再到近代以来无数的仁人志士，他们以惊天动地、辉映千古的浩然正气，铸就了民族的脊梁。这浩然之气激励中华民族穿过无数幽暗的岁月，最终雄立于世界的东方。孟子说养“浩然之气”，能够提升一个人的格局，提升一个人的高度。人有了格局，自然万事了然于胸，气畅而辞达。这就是知言养气。

除了是一个仁者、智者、勇者，苏序还是一位有趣的达者。

苏序总共有三个儿子，苏澹、苏涣、苏洵，苏洵排老三。你看他给这三个儿子取的名字，都从三点水，很是讲究。澹是恬静、安然的样子，涣有繁盛、光明灿烂的意思，洵则有诚实、实在的含义。后来，苏洵给两个儿子取名都从车字旁，也别有深意。苏轼、苏辙的下一代苏迈、苏过、苏迟等人，名字都从走之底，也是非常有趣。

苏序的长子苏澹和次子苏涣都非常有才，尤其是苏涣，最早中举，一时轰动乡里，“乡人皆喜之，迓者百里不绝”（苏辙《伯父墓表》）。

当时眉山有两大家族，一是苏家，一是程家。苏洵娶了程家的大小姐，也就是苏轼的母亲程夫人，苏轼的姐姐后来也嫁到了程家。

苏涣高中科举时，程家亦有子弟程浚中举。程家当家人程文应与苏序是好友，他激动地对苏序说，这可是大事，我们两家要好好地庆祝一下。

程家这边大排酒宴，举族欢庆，苏家却一点儿动静也没有。

等到朝廷送榜单与文诰的那一天，程家张灯结彩，隆重等候。苏序却拎个酒壶，带个小童，一早就出去串门，跟人聊天了。

苏序喜欢喝酒，“甘与村父箕踞高歌大饮”（李廌《师友谈记》）。后来苏轼那么喜欢喝酒，也许是跟他爷爷学的，也许是属于基因遗传。

苏序在村口跟几个老兄弟喝着酒，聊着天，手上还举着半块牛肉。正在这时，朝廷送榜文和文诰的差役来了，在路上就碰到了苏序他们一圈人。差役向几位打听苏家地址，没想到眼前这位居然就是新科举人苏涣的亲爹，于是就把榜单、文诰等都交给了他。

苏序当着几个老兄弟的面打开囊袋，拿出文诰和榜单看了一眼，丝毫没有激动，又径直把那些东西一股脑儿塞了回去。他把吃剩的牛肉也放到袋中，让村童背着，自己则骑着驴慢慢朝家走。可以想象，家里人拿到苏涣高中举人的文诰袋时，第一反应自然是高兴。可是打开袋子一摸，竟然还摸到一块湿乎乎的东西，也就是那半块牛肉，他们一定是蒙的！

所以，我们看到苏序这个人，在功名利禄、荣辱兴衰上显得非常旷达。苏轼最被人称颂的就是他旷达、不羁的性格，恐怕跟他爷爷的这种秉性也有某种继承或遗传的关系。

苏序更为奇特之处在于，他对老大、老二要求向来非常严格，唯独对老三苏洵，却是“纵而不问”（欧阳修《故霸州文安县主簿苏君墓志铭》），也就是不管他，随他去。

苏洵的运气不像他二哥苏涣那么好，考科举总也考不上。考到后来，连苏洵自己都因名落孙山而灰心丧气，整日与几个无意于仕进的朋友往来，醉心于山水之间。这时，有人对苏序说，你看你前面两个儿子那么上进，老三这样可不行，你得严格要求啊！苏序却笑而不答。别人反复问，苏序才慢悠悠地说：“吾儿当忧其不学耶？”（苏轼《苏廷评行状》）就是说，苏序一点儿也不担心老三，他还没到时候呢。苏序的达观、通透由此可见一斑，而对儿子们不同的教育态度更是成就了他们。

后来，苏洵终于改变旧习，折节读书，取得了惊人的成就。

家族对教育重视与否，深刻影响着其中的每一个人。在中国悠久的历史长河中，不少人在家庭教育上留下了宝贵的经

验，直到今天依然在教育子弟方面有着值得我们后人借鉴的地方。

例如，东晋时期的临沂王氏家族，产生了王翼、王祥等经学大师，也有王导、王敦等政治家，更有王羲之、王献之等书法家。又如，东晋名相谢安，早年无意仕途，赋闲在家以教育族中弟子为乐事。经过他的教育、点拨，谢氏一家英才辈出——谢玄创建北府兵并在淝水之战中击败苻坚，女诗人谢道韫一句“未若柳絮因风起”而得谢安大加赞赏。他们两家被世人并称“王谢”，属于当时地位最显赫的家族。

再如，南北朝时期的教育家颜之推写了一部《颜氏家训》，号称“家训之祖”。他将自己一生的经历和感悟编成书籍，传诸子孙，以倡家风。其孙颜师古是隋末唐初的著名学者，鼻孙辈的颜真卿是唐代的大书法家与政治家，颜杲卿则在安史之乱中不肯从贼而慷慨就义。

到了清朝末年，著名政治家、理学家曾国藩对自己的弟弟、子女在学习、修行、处事、择偶方面的要求都极严格。其子曾纪泽是晚清著名外交家，后代中还有化学家曾昭抡等著名人士。

由此可见，无论哪个时代，若是一心求学、重视教育，族人必将在这样优秀的家教门风中积极奋进，为国家的兴盛做出贡献。因此，励志勉学可以说是世族家训中一项必不可少的内容，并始终贯穿于家族教育活动中。

而苏序最令人佩服，也最能给人启迪之处在于，他不仅有对孩子的百般鼓励，而且能够因材施教。他给了苏洵谆谆教诲和独有的温情。因此，苏洵曾在晚年回忆说：“知我者，惟吾父与欧阳公也。”（欧阳修《故霸州文安县主簿苏君墓志铭》）

欧阳公即欧阳修，欧阳修只比苏洵大两岁，两人平辈相交，又是人生知己，可谓“知我者”。但苏洵认为自己的父亲也是“知我者”，是自己人生中的另一个知己，而且甚至比同辈的知己还重要。由此可见父亲在儿子心中的地位，也足以看出作为父亲的苏序对儿子苏洵的影响之深。

启我者吾兄

苏序的理解与“纵而不问”，对于苏洵来说，虽然是莫大的呵护，却改变不了他的考运。

苏洵（1009—1066），字明允，“唐宋八大家”之一，著有《嘉祐集》二十卷，擅长政论，议论明畅，笔势雄健。不过，当时的科举主要考韵文、诗赋，而苏洵却不太擅长这一类写作，他后来也坦率地说自己并不在意声律记问之学。自十八岁科考落榜后，他为放松心情，外出游历名山大川，其间结识了同样爱好山水的史经臣、陈公美等人。既有同好，更是乐此不疲，苏洵长时间在外游历，有时几个月才回一次家。

对于这一段时间的经历与心情，苏洵曾在自己的诗里说：“少年喜奇迹，落拓鞍马间。纵目视天下，爱此宇宙宽。山川看不厌，浩然遂忘还。”（苏洵《忆山送人》）其实他不只是因为“喜奇迹”，还因为科考不如意，才会“落拓鞍马间”，甚至落拓于世间。不过，“山川看不厌，浩然遂忘还”既是写情，也是写实。当时族中长辈对他这种整日不着家、不长进、不努力进取的表现颇有微词。

事实上，所谓“破万卷书，行万里路”，“万卷书”与“万里路”到底哪一个更重要，对不同的人生来说，还真的很难下个断语。对苏洵来说，游历天下，纵情山水，对于开拓他的心胸与眼界，对于成就他“八大家”中的“另类一家”的历史地位，还是有着至关重要的作用的。

苏家是眉山大族，虽然通达、智慧、了解儿子的父亲苏序并不说什么，其他人却对这样的苏洵并不放心，其中最担心苏洵的就是他的二哥苏涣。

苏涣是苏序三个儿子里最为人所称道的一个，不仅聪明，而且勤奋。他早年读书、科考，从来不要别人操心。据说他学习的秘诀就是抄书，别人是“书读百遍，其义自见”，而苏涣则是“书抄数遍，其义自见”。据说他年轻的时候，就抄完了司马迁的《史记》与班固的《汉书》。后来苏轼曾手抄《汉书》三遍，就是跟这位二伯学的。

苏涣不仅成绩好、考运佳，而且还特别仁义、重情。他当年参加州试，也就是考举人的时候，还未施行糊名制。主考官当堂被苏涣的妙文所折服，忍不住说：“子第一人矣。”可是苏涣却回答说：“有父兄在，杨异、宋辅与吾游，不愿先之。”（苏辙《伯父墓表》）就是说自己有两位挚友杨异、宋辅亦在同场，他俩才学富赡，而且年长，自己平时对他二人如事父兄，不愿居他二人之上。主考官听了大为叹服，居然应允说如果杨、宋二人确实有才，就定苏涣为第三，以成全他的美名。

苏涣后来更高中进士，对眉山当地形成读书应举的风气影响很大。蜀地自五代动乱时期开始，做学问的人越来越少，大家安于待在家乡，不愿出去为官。而等到苏涣以进士光耀门庭后，人们的想法才大为改变，都喜好求学。“及其后，眉之学者至千余人，盖自苏氏始。”（曾巩《赠职方员外郎苏君墓志铭》）入仕之后，苏涣更表现出卓越的行政才能，尤其是在审理案件上，既思维缜密，又宅心仁厚，有些案例甚至载入专门的司法典籍。

所以，除了“眉州三苏”的说法之外，史上还有“眉州五苏”的说法，就是苏洵、苏轼、苏辙父子三人再加上苏序与苏涣。

因此，这么杰出的二哥看着比自己还聪明的三弟因科举失利而消沉、不作为，自然是无比着急。但是苏涣很聪明，他并没有苦口婆心地劝弟弟，也没有以自己为楷模来教训弟弟。他先是跟父亲苏序一样对小弟的纵情山水给予支持，然后不是“纵而不问”，而是另辟蹊径，用了一个四两拨千金的办法来影响弟弟苏洵。

在苏洵一次远游途中顺便到苏涣官署探望的时候，苏涣与弟弟苏洵秉烛夜谈。畅聊之中，苏涣突然提到了一个遗憾。

苏涣说这个遗憾不仅是他自己的，也是整个苏家的。

原来苏家并不是世代土生土长的四川人，而是经五代十国之乱，因躲避战火而迁居四川。不过，因唐末之乱，天下谱牒系统崩溃，世人已不习于谱牒的整理，当时社会对各家各族的谱系已经开始搞不清楚了。

苏涣因此感慨地说，这不仅是苏家的遗憾，其实也是整个时代、整个族群的遗憾。他一直有个想法，就是搞清楚眉山苏家的谱系，但一则自己治学侧重不在于此，二则仕途政务缠身，根本没有精力与心劲儿去致力于研究。他转而对弟弟苏洵说：虽然你考运不好，但你才学俱佳，论天资其实比我聪明多了，而且思路开阔，眼光独到，才思敏捷，下笔有神……总之，把弟弟夸得跟文曲星下凡一样。

苏涣又说，你多年在外游历，接触广泛，遍访秘闻，有太史公当年之风。如果你来做此事，必可为苏氏家族立一追本溯源之功。况且，如今大哥已逝，我又无力为此，也只有弟弟你能完成这一家族的重任啊！

苏涣的这段说辞，可谓推心置腹，语重心长。

儒家思想的可贵之处，就在于儒家的先哲们在社会治理方面既抱有最高理想，同时也在条件不具备时永不放弃努力和变化的希望。这种以自我完善为基础，通过治理家庭，进而安邦定国的模式，可以说是几千年来无数知识分子的最高理想。

儒家经典《大学》开篇道：

古之欲明明德于天下者，先治其国；欲治其国者，先齐其家；欲齐其家者，先修其身；欲修其身者，先正其心；欲正其心者，先诚其意；欲诚其意者，先致其知。致知在格物。物格而后知至，知至而后意诚，意诚而后心正，心正而后身修，身修而后家齐，家齐而后国治，国治而后天下平。

这段话的大意就是说，古代那些要想在天下弘扬品德的人，首先要治理好自己的国家；要治理好自己的国家，首先要管理好自己的家庭、家族；要管理好自己的家庭、家族，首先要修炼自身的品性；要想修炼自身的品性，首先要端正自己的心思；要端正自己的心思，首先要使自己的意念真诚；要想使自己的意念真诚，首先要使自己获得知识。获得知识的途径在于认识、研究万事万物。通过对万事万物的认识、研究，才能获得知识；获得知识后，意念才能真诚；意念真诚后，心思才能端正；心思端正后，才能修炼品性；品性修炼后，才能管理好家庭和家族；管理好家庭和家族后，才能治理好国家；治理好国家后，天下才能太平。

也就是说，古人对于家族的传承，对于发扬光大族群的美德是非常看重的。换言之，这一根本若是被扰乱了，家庭、家族、国家以及天下要治理好是不可能的。因此，我们常常提到的家国情怀，首先是一种以治家为基础，进而治理国家、平定天下的大同理想。也正因此，苏涣才将整理族谱的重任交给了苏洵。除了对苏洵才华的认可外，当然也是希望借此唤醒苏洵内心中的责任感与使命意识。

苏洵听后，果然怦然心动。

他依从兄长所言，全心致力于苏氏家族源流的研究与考证。经过翔实的调查研究，苏洵最后终于编写出《苏氏族谱》，考证出眉山苏氏的源头来自河北栾城苏氏，是唐代大诗人苏味道的后人。苏味道在眉州刺史任上死于任所，他的次子苏份没有回祖籍，选择在眉山定居，成为眉山苏氏的始祖。

后来，苏轼在给祖父苏序写的《苏廷评行状》中说："公讳序，字仲先，眉州眉山人，其先盖赵郡栾城人也。"苏轼去世后，苏辙为哥哥亲撰墓志铭，说"苏自栾城，西宅于眉"（苏辙《亡兄子瞻端明墓志铭》）。苏轼自己也常常自题"赵郡苏轼"，如他为亡妻王弗写的墓志铭云："治平二年五月丁亥，赵郡苏轼之妻王氏，卒于京师。"不只是苏轼，其父苏洵、其弟苏辙也都有自称"赵郡某某"的习惯。元祐七年（1092），苏辙被封为"栾城县开国伯"，他的文集就叫《栾城集》。之所以如此命名，就是为了追念先祖，有不忘根本之意。

族谱，其实是中国古代的一种特殊史书，族谱的编纂在中华家文化的传承中发挥着十分重要的作用。

苏洵的《苏氏族谱》在中国史学与谱牒学中意义重大，尤其在谱牒学的发展上具有里程碑式的意义。华夏民族的信仰体系不是鬼神崇拜，而是祖先崇拜，家族的传承从某种意义上看就是文明薪火的传承。我国谱牒学的发展，自魏晋到隋唐，本来进入了一个快速发展时期，但经唐末战火与五代十国之乱后，突然之间几乎彻底中断。北宋恢复元气后，真正接续谱牒学并为后世谱牒学定下规制与模式的两个里程碑式的人物，一个是苏洵，另一个则是他的人生知己欧阳修。

由苏洵、欧阳修接续的谱牒学在宋、元、明、清得到恢复与发展，尤其是到了明清两朝，发展到了顶峰。在中国民间，几乎是“无族不谱”。一个男人如果不能入家谱与族谱，大家就会说他是“没谱”的人，而“没谱”与“靠谱”等词语最早也是源出于此。因为一般而言，不能入谱的人，总是人格有亏，后来就用“没谱”来指一个人办事不牢靠。而能入谱的，当然是做人做事规规矩矩，挑不出毛病，所以“靠谱”就用来形容一个人做人做事牢靠了。

除了谱牒学史上的意义，编写《苏氏族谱》对苏洵自己的意义也很大。正是在这个过程中，他作为一个研究者、思想者的特点愈发显明地表现出来。这就使得他越来越具备后世所说的学者气质、思想者气质，而非纯文人气质。这一点也是他后来有别于“唐宋八大家”中其他七人的关键所在。

可问题是，在那个时代，体制并不认可所谓的学者型人才，科举考试考的主要是声律记问之学，这就使得苏洵自十八岁落榜后一直坐困愁城，一困就困了整整十年。十年后，才有了著名的“苏老泉，二十七。始发愤，读书籍”（王应麟《三字经》）。

说到苏洵“二十七，始发愤”，就不得不提到苏洵这一生最大的助力了，也就是他的贤内助——程夫人。

助我者吾妻

苏洵十八岁时“高考落榜”，开始了长达十年的“落拓生涯”。也是在那一年，他娶了眉山程氏的女儿，开始了一个男人逐渐成熟的蜕变。

虽然苏洵与妻子程氏二人感情很好，但情场的得意并不能改变考场的失意。很快，年轻的苏洵便将青春年华俱纵情于山水之间。此刻，父亲苏序“纵而不问”，程氏则谨守礼节，温良恭俭，勤勉持家，孝敬公婆，将满腹的话深深地埋在心底。

因为苏序乐善好施，而苏家三兄弟中老大苏澹早逝，老二苏涣在外为官，老三苏洵又长年在外游历，所以苏家渐渐入不敷出，生活的重担开始落在了程氏的肩头。

程氏与苏氏是眉山两大望族，但此时的状况已是“程氏富而苏氏极贫”（司马光《武阳县君程氏墓志铭》）。当然，这也只是对比而言，苏家并没有贫困到揭不开锅的地步。

看着程氏艰难度日，有人劝她：“你是程家大小姐，父母不缺少钱财，凭着父母对你的疼爱，你回家随便要点儿，何至于过得如此艰苦，吃如此粗粝的食物。你为何一句话也不提呢？”面对生活的艰难与他人的劝告，程夫人表现出那个时代女子少有的淡定与深刻，拒绝向自己的父母求助。

她说：“以我求于父母，诚无不可。万一使人谓吾夫为求于人以活其妻子者，将若之何？”（司马光《武阳县君程氏墓志铭》）她坚定地认为丈夫苏洵是一个有大志向的人，现在的落拓只是时运不济罢了，总有一天会潜龙腾渊的。如果只想着自己，不能与他患难与共，还要向娘家伸手，万一让人说苏洵是向别人求取财物来养活妻子、儿女的人，那怎么行呢？

程氏不仅维护了丈夫的尊严，还真正了解丈夫的志向与内心，这样的妻子，这样的人生知己，苏洵“得之何幸”！

虽然懂得丈夫的心思，也能做到患难与共，可是苏洵消沉的事实摆在那里，加之他常年外出游历，很久才回家一次，程氏看在眼里，心里还是着急的。然而，最难能可贵的是，程氏虽然急在心里，但绝不表露在脸上。她对丈夫既不埋怨，也不规劝。她在等待一个恰当的时机，等丈夫由觉醒而奋发、继而脱胎换骨的时机。由此也可看出，程氏蕙心兰质，是一个有大智慧的人。

苏轼后来回忆说，他和苏辙小时候最崇拜的人就是自己的母亲。

苏轼小的时候，父亲经常外出游历，所以他和弟弟真正意义上的启蒙老师就是他们的母亲程夫人。令苏轼、苏辙兄弟印象最为深刻，苏轼后来反复提到的一件事，就是母亲带他们读史书的故事。

《宋史·苏轼传》中记载：

> 生十年，父洵游学四方，母程氏亲授以书，闻古今成败，辄能语其要。程氏读东汉《范滂传》，慨然太息，轼请曰："轼若为滂，母许之否乎？"程氏曰："汝能为滂，吾顾不能为滂母邪？"

这段记载表明，在那个时代，程夫人虽然不能像男人一样入学读书，可是她在闺中自学文史，别有卓见。

《宋史·苏轼传》所列的即为她带着两个孩子读《汉书·范滂传》的事。

范滂因东汉党锢之祸，被宦官集团陷害。即将被捕入狱的时候，范滂跪在母亲面前，与母亲辞行说："儿不孝，以后不能侍奉您了！儿此去，赴大义，有死无还，母亲万毋悲伤！"这时，范母含泪笑着说："你放心去吧！你这是舍生取义，要与日月同辉，与李膺、杜密齐名，母亲我高兴还来不及呢！"李膺、杜密是当时的文人楷模，士大夫集团的领袖。范母是说，儿子舍生赴死，是大义，是大孝，她不会为此而悲伤的。

范母的这种大境界、大胸怀深深震撼了还不到十岁的少年苏轼，他突然对母亲程夫人说：“母亲，要是以后我也成为范滂那样的人，也被人抓走，再也回不来了，你会不会伤心难过呢？”

小苏轼一语成谶，后来因“乌台诗案”，他身陷北宋最有名的一场文字狱，差点真的舍生取义，只是那时程夫人已经不在人世了。倘若彼时程夫人尚在人世的话，《宋史》上一定会再多一段苏母辞子的佳话。

当时，正在为孩子读书的程夫人听了苏轼的问题后，慢慢放下手中的书，在明亮的烛火中盯着苏轼纯洁而充满希望的眼睛，忽然坚定而温暖地一笑说：“儿啊，你能做范滂，我就不能做范母吗？”

由此也可看出，程氏和苏序一样，也是一个大智大勇的人。

可以想见，那一刻苏轼所受到的震撼。在他幼小的心灵中，正是母亲在明亮的烛火中为他埋下了一颗正义的种子。

在苏轼的眼里，母亲不仅是一个大智大勇的人，也是一个大仁大义的人。

苏轼还回忆过小时候的一件小事。

村里有只猫，有一次逮着一只小鸟，小朋友们疯玩的时候发现了，就一起叫喊着追逐。老猫本来要吃了鸟，结果受了惊吓，抛下鸟儿落荒而逃。苏轼和小伙伴们发现小鸟已经被咬死了，就商量着一起生火把小鸟烤了吃。

苏轼他们正在热火朝天地准备烧烤，正好被程夫人撞见，一问经过，便把他们拉到一旁开导说："你们看，小鸟也是一个生命，它被猫咬死了，已经很不幸。你们还要继续折磨它，这是在它的厄运上再踩上一脚，是不是对它本已可怜的生命太不尊重了呢？"

苏轼回忆说，当时苏辙还小，但也天天跟在哥哥的屁股后面跑。兄弟俩听了母亲的教导，突然觉得很惭愧。不仅兄弟俩，所有小朋友都表示很惭愧。后来在苏轼的带领下，小朋友们取消了烧烤计划，举行了一个小小的仪式，把这只小鸟好好地安葬了。

可以说，程夫人总是在不经意间启发、培育苏轼与苏辙良善的人格和对天下万物的包容之心。

苏轼还在文中感慨地回忆说，他们苏家门前、院里，"有竹柏杂花，丛生满庭，众鸟巢其上"，到处都能听到清脆的鸟鸣，每天早晨都是被鸟儿叫醒的。因为程夫人有仁爱之心，不忍杀生，所以"儿童婢仆，皆不得捕取鸟雀"（苏轼《记先夫人不残鸟雀》）。鸟儿们都愿意到他们家院子里筑巢，苏家正是眉山当地最适宜鸟儿居住的家庭。

仁见良善之本性，义见节操与品性，则更属难得。

苏轼在成年后还回忆说，他们搬到一处新租的纱縠行居住，一天，两个婢女熨烫缎料，突然地面塌陷，露出一个地洞。地洞里居然藏着一个瓦罐，上面用乌木板盖着。全家人一时都高兴坏了，本来日子就过得拮据，现在有意外之财，真是天上掉馅饼啊！

可是程夫人却命人“以土塞之”（苏轼《记先夫人不发宿藏》），就是即刻让人用土把洞穴填塞好，把罐子埋回原处。所谓“义者不贫”，真正的富有是内心的富有，取了不义之财，内心就会变得贫瘠，因此这种外财坚决不能要！

有意思的是，对这件事的处置方法，还成了苏家处理类似事件的样板。苏轼后来娶了王弗，苏洵认为这个儿媳颇有婆婆之风，也就是具有程夫人的品格。

苏轼到陕西就职，一次下雪时，发现在住所的古柳下，有一尺见方的地方不积雪，天晴后，那块地方鼓起数寸。苏轼猜想这是古人埋藏丹药的地方，打算挖开看看。妻子王弗突然在旁边说了一句话：“使先姑在，必不发也。”（苏轼《记先夫人不发宿藏》）就是说如果婆婆程夫人还活着，肯定不会挖开。苏轼一听，想起母亲当年的义德高举，立刻内心警醒，打消了心中的念头，像母亲一样，把“意外之财”还于地下。

由此可见，程夫人安于贫困，不取身外之财，这种内心的富有、坚定，对苏轼的影响实在是太大了。

事实上，中国古人最重家庭教育，比如《颜氏家训》就主张，孩子小的时候要多让母亲来教育，这其实是一种大智慧。一个好母亲身上那种良善的人性、高洁的品性，会给孩子以美德的感召与熏陶，在潜移默化中为子女未来的人生打下良好的基础。

苏轼眼中的母亲与苏洵眼中的妻子并无二致，苏洵后来也感慨妻子才是对他一生帮助最大的人。在程夫人去世后，苏洵以泪洗面，并伤心地说："自子之失，内失良朋。孤居终日，有过谁箴？"（苏洵《祭亡妻文》）看来，在苏洵眼中，程氏不仅是妻子，还是良友、知己，是帮助自己不停进步、不断成长的那个人。

民间称苏洵为"苏老泉"，其实苏洵并没有自号"老泉"，反倒是苏轼晚年曾经自号"老泉山人"。苏洵号"老泉"是南宋以来传统的说法，似乎已成定论。但明清学者对此纷纷质疑，认为"老泉"是苏轼之号。明代郎瑛引用北宋文学家叶梦得的笔记材料，指出古人讲究避讳，说苏轼又号老泉山人，父子不可能同号。钱大昕《十驾斋养新录》指出，苏轼祖父名"序"，为避祖父讳，他给人作序向来都写"叙"字，从不写"序"。如果他父亲号老泉，苏轼怎会在诗中直书"却有老泉来唤人"呢？可见"老泉"乃苏轼自号。不过，关于这一问题的争论，至今仍众说纷纭。

那么，为什么是苏洵的“苏老泉”更有名呢？

原来，眉山当地山清水秀处有一“老翁泉”，时人传说远远可见一个老人常在泉边徘徊、安坐，可走近了一看，却不见人迹，故此称之。实际上，据文献材料可知，苏洵在晚年丧妻后，就把程夫人安葬在了泉旁，而他每日来此怀念亡妻，白发萧萧，深情绵绵。或是当地人见了这样的场景才有了老翁泉的传说，亦未可知。

总之，在苏轼、苏辙看来，程氏是他们少年时对其影响最大的人；在苏洵看来，程氏则是他壮年时影响他命运发生转折的人。

《三字经》里的“苏老泉，二十七。始发愤，读书籍”，可谓妇孺皆知。而促成这个“二十七”的转折点的关键人物就是程氏。

从十八岁的科考失意，到十年间的纵情山水；十年之后，在程夫人默默的呵护、坚持与等待下，二十七岁的苏洵终于重新燃起对生活的希望、对明天的追求。最后一次远游回家时，他突然对程氏说：“吾自视，今犹可学。然家待我而生，学且废生，奈何？”（司马光《武阳县君程氏墓志铭》）就是说，如果从现在起，我收束心神，重拾文意，再努力读书，你觉得晚不晚？可是家中日渐拮据，我又怎能不扛起生活的重任？

程夫人闻之几乎落泪，她等这句话等了好多年。然而，

此刻的她只是平静地对丈夫说："子苟有志，以生累我可也。"（司马光《武阳县君程氏墓志铭》）就是说，只要你能奋发图进，家里的事就全让我来操劳吧。程夫人拿出服饰、器具、玩物，卖掉它们来经营家业，谋求生计。

对于程夫人的品德，司马光在《武阳县君程氏墓志铭》中赞叹说：

> 能开发辅导成就其夫、子，使皆以文学显重于天下，非识虑高绝，能如是乎？古之人称有国有家者，其兴衰无不本于闺门，今于夫人益见古人之可信也。

就是说，程夫人的启发、开导、教育，最终成就了自己的丈夫、孩子，使他们都能凭借文学才能为天下人所知，如果不是见识、思虑高超过人，能够如此吗？古人所谓国君和士大夫们的兴盛衰败没有不来源于妻子的，今天从程夫人的人生来看，更可见古人的话是可信的。

正因为背后有这样一个大智大勇、大仁大义且坚强坚忍的女人，二十七岁的苏洵才迎来了人生的蜕变。

那么，在苏洵"二十七，始发愤"之后，又发生了什么呢？

思想家父亲

苏轼、苏辙兄弟之所以后来能够惊艳北宋文坛，甚至惊艳整整一部华夏文明史，一个重要的原因就在于他们有着良好的家庭教育。不论是母亲程氏，还是父亲苏洵，都是他们人生路上坚实的奠基与指路的明灯。

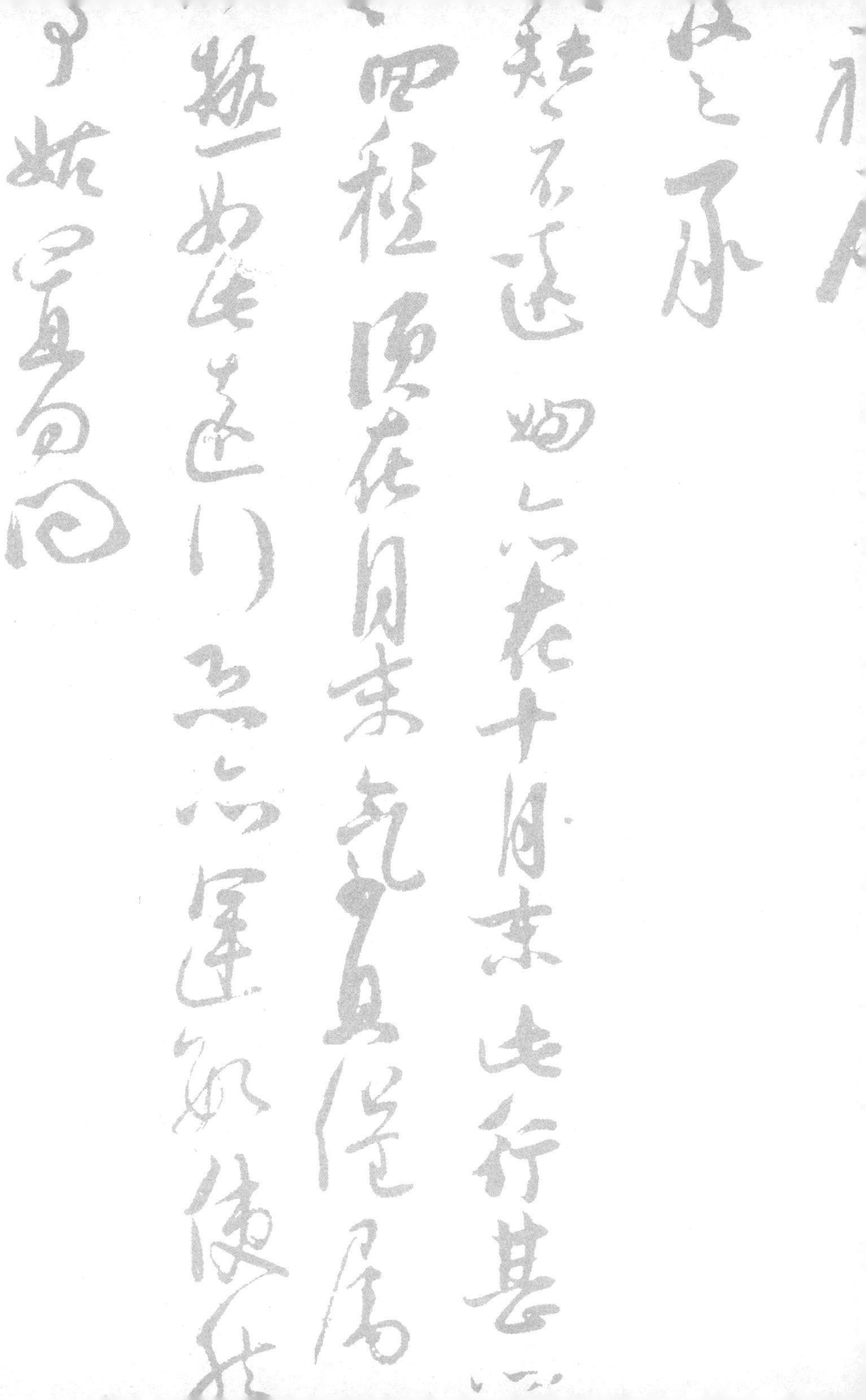

从“发愤”到“焚稿”

《三字经》上说“苏老泉，二十七。始发愤，读书籍”，很多人据此认为苏洵从此回心转意，刻苦攻读，迎来了人生华丽的转身。

其实，这是一种误读。

苏洵从二十七岁时开始苦读，重走科举考试之路，这一事实不假，但结果并不是人们期望看到的常有套路——终于苦尽甘来，金榜题名。

事实上苏洵的考运实在不是一般的差，他一直考到三十七岁，依旧困于场屋，没有半分转运的迹象。到他的两个儿子苏轼、苏辙纷纷高中进士，甚至到苏轼在制科考试中夺得“百年第一”之时，苏洵的科举之路还只是一场梦。

据载：“轼、辙登科，明允曰：‘莫道登科易，老夫如登天。莫道登科难，小儿如拾芥。’”（丁传靖《宋人轶事汇编》）苏轼、苏辙考中进士后，苏洵曾感叹说，不要说科举容易啊，老夫我考来考去，简直是“科考之难，难于上青天”！也不要说科举难啊，我的儿子考个进士、拿个“百年第一”，就像小孩子从地上捡根草一样毫不费劲！

就这样，作为“唐宋八大家”之一的苏洵硬是被科举憋出了内伤，逼出了一首打油诗来！

不过话说回来，“二十七，始发愤”的人生转折也并不是没有收获。二十七岁立志后的苏洵，至少有两大收获，一个是短期的，一个是长期的。

立即收到的巨大“收获”，就是华夏文明史上的一个天才——苏轼苏东坡！

苏洵与程夫人共育有三子三女，苏轼、苏辙其实是排在最后面的两个。苏轼、苏辙原有一个哥哥和三个姐姐，其中三个都在年幼时夭折了。他们最小的姐姐，族中排行第八，所以小时又被称为“苏八娘”，这也是民间故事里才貌双绝的“苏小妹”的原型。民间文学还让苏小妹最终嫁给了“苏门四学士”之一的秦观。实际上，苏小妹是苏轼的小姐姐，而秦观是苏轼的学生，辈分差得太远。苏八娘因病而逝的时候，秦观才四岁，他们的故事实在是一段穿越时空的美好愿景。

在苏洵得到程夫人的支持，“二十七，始发愤”后的一年，他们生下了第二个儿子苏轼，这时大儿子已经夭折三年了。

苏轼是我们华夏文明史上公认的天才级宗师，林语堂甚至感叹东坡先生是谜一样的天才。而苏轼之所以成其为苏轼，固然和他后天的努力、勤奋息息相关，但不可否认，良好的家庭教育环境，甚至胎教，也是重要的因素——在苏洵改弦更张、奋发读书、展露人生新气象的一段时间里，程夫人怀孕生下了苏轼。

颜之推在《颜氏家训·教子篇》中说：

> 古者圣王，有胎教之法，怀子三月，出居别宫，目不邪视，耳不妄听，音声滋味，以礼节之。书之玉版，藏诸金匮。

在这里，颜之推明确提到了胎教的重要性。此外，他还结合自己的童年经历，谈到自己父母早逝，时常跟随两位兄长。兄长教养慈爱有加却威严不足，因此，自己养成了一些随意说话、不修边幅的不良习惯。他引用孔子“少成若天性，习惯如自然”的观点，以及“教妇初来，教儿婴孩”的俗语，强调了在幼年时期养成良好的行为习惯，必会受益终身的重要道理。

按照《颜氏家训》等典籍记载的中国古代有关早期教育的观念，受孕时机与胎教环境对孩子的成长是至关重要的。可以说，苏轼的品格和他一生取得的非凡成就，与他的出生时机和童年际遇也是大有关系的。

事实上不只是苏轼，在苏轼出生两年多后，同样也是天才的弟弟苏辙诞生了。只比苏轼大一点的姐姐苏小妹也是在苏洵“二十七，始发愤”之后降生的。

前面的两女一子，皆诞生于苏洵“二十七，始发愤”之前，不幸都夭折了。后面的一女两子，皆诞生于苏洵“二十七，始发愤”之后，才华横溢，气质出众。这可能只是一种巧合，但毫无疑问，父母的修养、学习、历练、成长对后代的影响还是十分显著的。

长期的“收获”，则体现在父子三人的身上。

于苏洵自身而言，“二十七，始发愤”的人生转折为其最终的人生定位打下了扎实的基础。

从二十七岁到三十七岁这段时间内，苏洵确实是非常用功地读书应考，光应试的练习之作就写了几大筐。他也参加过多次考试，可始终未能改变名落孙山的结局。

到了三十七岁那一年，苏洵终于痛定思痛，做出了一个重大的决定。

他“尽烧曩时所为文数百篇”（苏洵《上欧阳内翰第一书》），把十年来所有的文稿与习作搬到院中，一把火烧了个干净。面对家人诧异的眼光，苏洵只说了一句话——

“此生再不为应举而读书！”

这是一种决心——与往日一刀两断！

我们知道，中国古代知识分子非常看重修身养性，修身养性的内容涵盖也非常广，其中很重要的一个方面就是自省。

曾子说：“吾日三省吾身：为人谋而不忠乎？与朋友交而不信乎？传不习乎？”（《论语·学而》）自省是一种反思的智慧，是通过检省自己的思想和行动，进而审视自己是否遵从道义与原则。因此，君子要通过时时内省，逐步完善修养，以成就高尚的德操。

孔子说“君子求诸己，小人求诸人”（《论语·卫灵公》），强调说懂得反省、能够自省是区分君子与小人的关键。孟子说：“爱人不亲，反其仁；治人不治，反其智；礼人不答，反其敬。行有不得者皆反求诸己，其身正而天下归之。”（《孟子·离娄上》）说的也是同样的道理。在孟子看来，如果关爱别人，可是别人却不肯亲近，那就必须反问自己仁爱够不够；如果劝谏别人，可是没有成功，那就要反问自己智慧够不够；如果有礼貌地对待别人，可是得不到相应的回答，就要反问自己真诚够不够。如果行动不能得到预期的效果，首先应当反躬自问，从自己身上找原因。

确实如此。

苏洵后来回忆这时的决定与选择说：“及长，知取士之难，遂绝意于功名，而自托于学术。”（苏洵《上韩丞相书》）

读书人活到老，学到老。读书是一辈子的事，但读书为了“学而优则仕”，为了“货与帝王家”，不过是人生的一种选择，或者是某一个阶段的选择。放下这个选择，说不定人生的广阔天地，由此打开。

我们可以发现，三十七岁的苏洵又迎来了人生的另一个重大转折，他自此不再想考取功名，而要靠自己的能力和学识生活。

自三十七岁开始，苏洵焚稿明志，烧掉自己以前的场屋时文，终日闭户读书，深研《六经》和诸子百家的学说。在苏洵看来，有一块田地，能够养活父母、孩子，无衣食之忧就可以了。只要有几千卷好书可读，并亲手辑而校之，把它作为遗产传之子孙，就是最大的满足。他教育孩子读书的目的要明确，正所谓"内以治身，外以治人"（苏辙《藏书室记》）。根据儒家规范，"治身"就是诚意、正心、修身，"治人"就是齐家、治国、平天下。这是儒家读书的目的论和价值观，这种观念曾以其崇高性和严肃性唤起过千百万读书人奋发用功，当然也深深地激励了苏轼兄弟，为他们提供了源源不竭的学习动力。

苏洵放下功名之心，埋头苦读五六年，读遍经史子集，阅尽《三坟》《五典》，到胸中文思水满成溢，"胸中之言日益多，不能自制"（苏洵《上欧阳内翰第一书》），以至不吐不快，方始为文。这种不能不为之文，方是天下之至文！

由此，一个文章大家诞生了。

与此同时，一个思想家也诞生了。

苏洵终其一生也没能考上进士，这使得他成为“唐宋八大家”中唯一一个没有考上进士的人。相比于韩愈、柳宗元、欧阳修、曾巩、王安石和他的两个儿子苏轼、苏辙，苏洵确实不太擅长诗词等韵文创作，但就散文的力度与深度而言，八大家中也就只有韩愈或可与之比肩。

所以，他是八大家中的另一家，是八大家中的思想家。

而这一人生成就的奠基，始于“二十七，始发愤”，但真正的转折，则来自三十七岁的焚稿立志。

于苏轼、苏辙而言，有了一个思想家父亲，他们也有了人生的一笔大宝藏，等待他们去开发、去探寻。

家庭是孩子接受教育的最初场所，而家长又是孩子天生的第一任教师，因此，引导、激励孩子学习，父母自然责无旁贷。

古谚云：“教妇初来，教儿婴孩。”说的是教育媳妇要在刚娶进门的时候，教育孩子要在幼小的时候。教育的“教”字，本身具有“校正”的意义，也就是纠偏。颜之推提出“有教而无爱”的观点，也是要求家长要对孩子有教育的责任，而不能一味迁就、溺爱。

明代学者方孝孺有丰富的家庭教育经验，他在《候域杂诫》中指出，对孩子不光要爱，还要教，而且要善教。正所谓：

爱其子而不教，犹为不爱也。教而不以善，犹为不教也。有善言而不能行，虽善无益也。

对家长而言，不仅有责任为孩子树立远大的理想、创造良好的学习环境，更需要帮助孩子在艰苦的求学之路上时刻保持振奋的精神，在孩子遇到困难和挫折时给予慰藉。从这个意义上说，最好的办法是言传身教，家长以身作则，以自己的实际行动感染孩子，孩子们才能更好地接受他的教育与影响。

一个重要的规律

在苏轼、苏辙小的时候，因为苏洵专心于科举，常要远赴他乡应试，所以两个人的启蒙教育主要是由程夫人负责。甚至在苏洵三十七岁焚稿明志、绝意功名之后的一段时间里，苏轼、苏辙兄弟也主要是在书院就学。

庆历三年（1043），苏轼八岁时，苏洵把他送到天庆观北极院，拜道士张易简为师。苏轼自己也记载说："眉山道士张易简教小学，常百人，予幼时亦与焉。居天庆观北极院，予盖从之三年。"（苏轼《众妙堂记》）

跟张易简读书时，有人从东京带来了石介所作《庆历圣德颂》。小苏轼博闻强记，在旁看了一遍就记住了内容，并向老师请教此诗中所歌颂的十一人是谁，并说这样的贤人怎么能不去了解他们呢？张易简暗暗称奇，于是向苏轼介绍诗中所写人物的成就，同时说其中的韩琦、范仲淹、富弼、欧阳修堪称人杰。苏轼牢牢记住了这些人的名字，并立志要以他们为楷模，为偶像。

等到苏洵苦读冥思，下笔有神，初现思想家的气质时，他便开始亲自教导苏轼、苏辙兄弟。这个决定对处于青年早期的兄弟二人而言，其教育意义可以说是无比重大的。

通过三个例子，我们可以看出青年早期教育的一个重要规律。

第一个例子来自春秋时代。

两千五百多年前，有一个十七岁的年轻人，名叫仲由。《史记》称他原本是“卞之野人”，又说他“性鄙，好勇力，志伉直”，看得出这是一个孔武有力又比较冲动的年轻人。

仲由听说有位叫仲尼的老师很有名，不服气，想去见识见识。

《礼记》说得很委婉，说他是想去拜师。可《史记》记载他去见仲尼老师那天，“冠雄鸡，佩豭豚”，也就是头上插着野鸡毛，腰间别着野猪牙。看他这身打扮，我们可以猜测，他一开始未必是去拜师，说不定是去炫耀，甚至是去“砸场子”的。

因为野鸡毛又叫雉鸡翎，看京剧就知道，只有穆桂英、杨宗保这一类的武将才会头插雉鸡翎，这本身就是勇猛好战的象征。

在古人看来，野鸡最勇猛好斗，所以斗鸡一直是古人特别喜爱的一种娱乐方式。据传吴王夫差每次出兵之前，必搞一场斗鸡比赛。如果他的鸡赢了，他就出兵；否则，就不出兵。

所以，他的鸡后来被训练成了公鸡中的“战斗鸡”。这种斗鸡中的最高境界，用一个成语形容，就叫“呆若木鸡”。这个成语的本义是形容最厉害的野鸡，就是说这种看起来像木头的斗鸡即使不动声色，不必出击，也会将别的鸡吓得落荒而逃。

唐人也爱好斗鸡，唐初最负盛名的大才子王勃，就是因为写了一篇《檄英王鸡》，参与到沛王李贤与英王李显的斗鸡大赛，而莫名其妙地被唐高宗逐出了长安。后来虽然写出了千古名篇《滕王阁序》，只可惜命途多舛，英年早逝。

至于野猪牙就更有讲究了。

中国人喜欢讲“家国天下”“家春秋”，“家”字从宝盖头，字根是一“豕”字。宝盖头是指房子，但房子下面怎么会是头猪呢，家里面难道不应该是父母妻儿吗？

其实，豕就是野猪的意思，宝盖头所代表的房子最早却不是给人住的，而是部落祭祀的场所。早期的祭祀会用到三牲，分别是牛、羊、猪。一般以为牛特别重要，但猪也特别重要。牛、羊、猪全用上，叫太牢。没有牛，只用羊和猪，叫少牢。没有牛和羊，只用猪完成的祭祀叫特牢。相较于牛、羊，大概在远古时期，打到一头野猪的难度更大一些。因为在早期人类的远古记忆中，野猪的可怕程度远远超过牛、羊。

看看人类的早期神话就会知道，不论是东方还是西方，包括北欧神话与古希腊神话，有不少英雄竟然不是战死在疆场上，而是被野猪拱死的。所以打到一头野猪进行祭祀是多么的不容易！据学者考证，早期的这种祭祀形式被统称为“家祭”。而“家祭”的“家”的字根，就选择了最凶猛的“豕”字。

有个成语叫“狼奔豕突”，把狼跟豕放在一起，是因为其凶猛的习性一致。而汉字里凶猛的走兽都从反犬旁，这个偏旁虽读作“犬”，但从字源学的意义上看，却应该来源于甲骨文的“豕”字。所以说，野猪才是古人心目中勇猛善战的象征。

由表及里，不难看出仲由同学头插野鸡毛、腰别野猪牙的真实意图。

然而最终，本来有着挑事倾向的冲动少年仲由却被折服了，因为他面对的是人类有史以来最伟大的思想家与教育家——孔子孔仲尼。

仲尼先生以南山之竹为喻，最终折服了少年仲由。

论及学习与理性的重要性，仲由同学以为自己像南山的劲竹一样，砍下来，削尖了，就能如利箭一样射出去，取人性命，易如反掌。

可仲尼老师却笑着说，如果在竹头上装上铁制的三角箭镞，竹尾上装上控制平衡的翎羽，这样的箭不仅射得更远，也射得更深，不要说取人性命了，就连坚硬的犀牛皮都可以射穿。这就是学习与思考的好处，可以不断地提升自我。那么，你要选择做哪一种利箭呢？

仲由同学幡然醒悟，立刻拜仲尼先生为师。从此，在仲尼老师的教育引导下，孔武有力的冲动少年仲由，慢慢变成了孔门大弟子子路。

还有一个有趣的插曲，据太史公司马迁考证说，孔子在收子路为学生之前，经常被人欺负；在收子路为学生之后，再也没人敢欺负孔子了。可见，子路对孔子的帮助也很大。当然，在孔子的引导下，子路完成由冲动少年向“孔门十哲”的转变更是巨大、丰富而关键的人生实践。这也就是通常说到的教学相长了。

第二个例子来自与中国春秋时代相对应的古希腊。

至此，我们不得不引出一个历史概念，即雅斯贝尔斯所说的人类文明“轴心时代”。

雅斯贝尔斯在1949年出版的《历史的起源与目标》一书中，将公元前800年至公元前200年之间这段历史，称作人类文明的“轴心时代”。

在雅斯贝尔斯看来，这段时期是人类精神文明的重大突破时期，各个文明都出现了伟大的精神导师。“在中国生活着孔子和老子，中国哲学的所有派别都产生了，墨翟、庄子、列子以及不可胜数的其他哲学家都在思考着。”（雅斯贝尔斯《历史的起源与目标》）在其他国家，也产生了不同的思想家。他们提出的思想原则塑造了不同的文化传统，也一直影响着人类的生活。更重要的是，虽然中国、印度和西方国家彼此之间有千山万水的阻隔，但它们在轴心时代的文化却有很多相通的地方。

在古希腊的雅典城邦，有一位名叫阿里斯托克勒的年轻人。他出身于王室贵族，虽然家族已有些没落，可他从事的依然是当时贵族青年所崇尚的职业——摔跤手。

作为一名职业摔跤手，阿里斯托克勒在摔跤界已经小有名气，人送外号“宽”。这是因为他体格魁梧，技艺高超，所以在圈内才有了属于自己的绰号。然而，有一天，阿里斯托克勒偶遇了一个叫苏格拉底的人，从而改变了他的人生，也改变了人类的文明史。

那天，年轻的阿里斯托克勒经过雅典的广场，看到有很多人在演说。雅典人喜欢运动与演说，这本来就是他们雅致而经典的生活。在广场一个偏僻的角落，有一个其貌不扬的老者正在演说，他的身边并没有多少人，因为他讲述的内容太过深奥。

这位老者名叫苏格拉底，他正在讲述真理。苏格拉底主张人类永远也不可能彻底地接近并掌握真理，他本人也自嘲只是“真理的接生婆”而已。所以说，苏格拉底的思想本来就很难理解，因而没多少人感兴趣是很正常的现象。

可是，阿里斯托克勒走过路过没有错过，他只听了几句，便觉福至心灵，茅塞顿开，脸上露出顿悟的欣喜，当时的神情只能用一个汉字来形容——囧！

“囧”，这是一个被网络用坏了的汉字。它其实并不是一个网络新造字，而是古已有之。它的本义与尴尬也没有丝毫关系，而是推开窗户让阳光照进来的意思，那种感觉就是属于阳光少年的豁然开朗。

阿里斯托克勒也不去训练了，一连几天来听苏格拉底的真理演讲。三天之后，他做了一个重大的决定——放弃摔跤手生涯，拜入苏格拉底门下，成为苏格拉底的学生。

这个决定对于阿里斯托克勒本人无疑是非常重要的，而事实上，这个决定对于整个人类文明更加重要。这个学生就是人类文化史上最伟大的哲学家、思想家之一的柏拉图。他的绰号“宽”其实是“柏拉图”这个发音的原意。

因为遇到并师从了古希腊最伟大的哲学家、思想家苏格拉底，少年摔跤手宽最终成长为哲学大师柏拉图。现在我们知道，柏拉图是苏格拉底学派最重要的传承人，苏格拉底本人就像孔子与释迦牟尼一样，自己没有著作，他的思想主要是靠柏拉图整理传承下来的。这也成为西方哲学的主要基础。

前面两个例子虽然横跨东西方，但离我们今天显得太过遥远了些。那我们再来看第三个例子。

就在一百三十多年前，在广东新会有个叫梁卓如的孩子，他少小聪敏，勤奋努力，十七岁时参加广东乡试，一鸣惊人。当时的两位乡试主考官，一位是内阁大学士李端棻，一位是曾经考过状元的王仁堪。

放榜之前，李端棻在屋中犹豫了一会儿，然后下定决心，一掀门帘走出来，恰巧与正要进门的王仁堪撞了个满怀。

李端棻拉住王仁堪说："王兄，我正要找你。"

王仁堪也说："李兄，我也正要找你呢。"

李端棻笑笑说："我的事比较急，我先说。今年那个叫梁卓如的考生，我非常喜欢。我看他将来必将在殿试中大放异彩，成为我大清新的栋梁之材。所以，我想将堂妹许配给他，请老王你出面做个媒。"

王仁堪听完立刻急红了脸："老李，我找你是想把我的女儿嫁给他，请你做媒呀！"

李端棻立刻笑道："先来后到，这可是我先说的哟。"

后来，李端棻果然把堂妹嫁给了梁卓如。

乡试过后，被主考官们如此看好的梁卓如同学回到家中继续温书备考，准备来年到北京参加会试。就在这时，有位名叫陈千秋的同学来看他的时候对他说："听说广东南海有位姓康的老师，课讲得特别好，特别有思想，不如我们去听听课吧。"

梁卓如也是少年心性，立刻答应，跑到广东南海去蹭这位康老师的课。事实上这位康老师虽然年龄很大，但在科举考试之路上表现得远远不如年轻的卓如同学。

听了三天课之后，本来有着大好前途或曰大好仕途的梁卓如同学做出了一个重要的决定，放弃科举考试，拜入康先生门下。正是这个决定，让中国近代史少了一位舞文弄墨的官员，多了一位有着重大影响力的大思想家。

梁卓如同学后来与他的康老师在历史上并称“康梁”——康南海就是康有为，梁卓如就是梁启超。

现在，我们可以回过头来看这三个典型例子。三个青春期的少年，三种人生的巨大转变——

好勇斗狠的仲由碰到了孔子，变成“孔门十哲”之一的子路。

作为职业摔跤手的阿里斯托克勒碰到了苏格拉底，成为大哲学家柏拉图。

一心科考的梁卓如碰到了康有为，变成了大思想家梁启超。

这背后到底蕴藏着一条怎样深刻的规律呢？

现代脑科学有一项研究成果，称人脑成熟的最后一块区域是主管理性思维的前脑区域，即大脑前额叶皮层。这一区域的成熟意味着一个个体大脑思维的完全成熟，而最终的成熟阶段就是青春期的终结阶段，大致在十八岁到二十岁。所以中国古人二十行冠礼，标志着一个人的真正成熟，还是很有科学依据的。

三位良师都是大思想家，他们给予三个学生的影响毫无疑问是理性思维能力上的培养，而这种影响与培养就是仲由成为子路、阿里斯托克勒成为柏拉图、梁卓如成为梁启超的关键原因所在。

所以，这些有关青年早期的教育实例或许可以很好地启发我们——

在什么年龄，跟什么人学习，是一件非常重要的事！

或者换句话说，在青年早期阶段，能够师从于一个有思想或思想深邃的人，可以说是人生最重要的奠基！

而苏轼、苏辙兄弟就是这样的幸运儿。

母亲的温度 父亲的深度

在中国古代，儒家社会最擅长的教育其实是家庭教育。所谓丰富的家训文化、灿烂的谱牒文化，其实也是儒家家庭教育智慧的一种体现。苏洵的家教实践和他的《苏氏族谱》，都可以说是对这种家庭教育智慧的丰富。

颜之推在《颜氏家训》中提出过一个非常独特，也非常具有前瞻性的观点，即在幼年时期，儿童的家庭教育应以母亲为主；在青少年阶段，孩子的家庭教育则应以父亲为主。

为什么呢？

因为母亲有温度，父亲有深度！

作为万世师表的孔子孔仲尼，也曾经有一段不堪回首的童年时光。在他三岁的时候，他的父亲叔梁纥去世了，年轻守寡的母亲颜徵在把他带回了曲阜城一个小小里巷中的外婆家。颜徵在就在那里，带着年幼的孔子艰难度日。

大概仲尼七八岁的时候，一天，他和一大群小朋友在一片空地上玩一个让他痴迷的游戏——祭祀天地。小仲尼特别认真地把从别人那里看来的祭祀礼仪的一举一动都做得像模像样。

就在这时，天空中突然响起了几声闷雷，乌云滚滚，眼看着就要暴雨大作。小朋友们喊叫一声，纷纷四散逃回家去。有几个还在犹豫中，听到四周响起家中大人的呼叫声，也立刻忙不迭地在大人发怒前奔回家去。只有小仲尼不为所动。

小仲尼不管天，不管地，不管风，不管雨，完全沉浸在神圣的祭祀中。仿佛这不是他一个人的游戏，而是一个部落、一个族群的神圣祭祀。

母亲颜徵在和所有孩子的父母一样担心着玩耍的儿子，她早就默默地寻来。可是当她看见小仲尼一个人在即将到来的风雨中全神贯注、比画着去完成所谓祭祀礼仪的时候，这个含辛茹苦的母亲没有打断他。她默默地站在孩子的身后，带着属于母亲的微笑，给她的孩子以无声的支持。

这时，突然响起一声惊雷，小仲尼吓了一跳，他扭头看见了母亲，也看见了母亲温暖而欣慰的微笑。于是，小仲尼坚定地扭回头去，在天地的威严与风雨的恐吓中一板一眼地完成了祭祀。

后来，孔子成为礼文化的大宗师，最擅长祭祀之礼，他的教育思想也就是钱穆先生所说的直达人心的礼乐教育。不知道他后来在总结“兴于诗，立于礼，成于乐”（《论语·泰伯》）的教育理想时，会不会突然想到年幼时母亲在身后默默地呵护与支持。

这就是母亲的温度，一种来自大地一般厚重的母性力量，为孩子未来的人生铺就一条坚实的大路。

程夫人和颜徵在一样，她的那句“汝能为滂，吾顾不能为滂母邪”，她身体力行的呵护生命与不取不义之财的示范，都是一种可以影响孩子一生的“母亲的温度”。

但孩子的成长，只有母亲的温度是不够的，还要有父亲的深度。

幸运的是，苏洵恰恰是一个有深度的父亲。

一个思想家父亲当然有着丰富的思想与内涵，但这种深度会带来什么呢？

首先，是良好的行为习惯。母亲总是慈爱祥和的，父亲总是严格有加的，所以才会有“严父慈母”之说。那么，父亲的严格应该严在哪里呢？

规范！习惯！

学习与生活中所应遵循的良好的行为规范，借此养成良好的行为习惯。

一方面，良好的行为习惯为将来培养知行合一的能力提供了可能；另一方面，良好的行为规范会在行动中培养一个人的逻辑认知，从而最终引导理性思维习惯的养成。

苏洵对儿子学习习惯的培养可谓严厉有加。有一个例子可为佐证。

苏轼晚年被流放海南岛，历经磨难后，已是旷达超脱之至。可是，老来旷达的东坡先生有一天却做了一个紧张的梦。他醒来后，写了一首《夜梦》诗，记录此梦。

诗中写道："夜梦嬉游童子如，父师检责惊走书。计功当毕春秋余，今乃粗及桓庄初。怛然悸寤心不舒，起坐有如挂钩鱼。"就是说：苏轼做了一个梦，梦到童年的自己很贪玩，但父亲作为老师却是严格规范。玩到一半，他才想起父亲布置的书还没读完。作业是读完整部《春秋》，可他才粗粗看到桓公、庄公，未及一半。想到这里，他感到提心吊胆，就像吞了鱼钩的小鱼一样，焦虑不安。

童年的记忆往往是深刻而持久的，随着年岁渐长，这些记忆可能被暂时压制，越到老年，关于童年往事的记忆越不自觉地在头脑中浮现。六十二岁的东坡先生在数十年后，尚梦如此，当年父教的严格，可见一斑。

苏轼、苏辙兄弟一生勤勉自励，想来一开始就得益于这种"父亲的深度"。

北宋开朝之初，科举取士承唐旧制，以诗赋、文辞为主要标准，助长了士人片面追求音韵、修辞技巧的浮艳文风和不关心社会实际的士风。宋仁宗时期，内忧外患日益严重，庆历革新运动应运而生。改革派范仲淹倡导科举考试从以诗为重点，变为以联系实际的策论为重点，先策论，而后诗赋，强调学以致用。苏洵敏锐地觉察到了这一转变，并对苏轼、苏辙进行了相应的教育。

苏洵非常推崇颜太初的诗文，说他的文章关注生活，敢刺时事，都是有为而作。苏轼回忆，父亲曾把颜太初的数十篇诗文拿给自己看，说“小子识之，后数十年，天下无复为斯文者也”（苏轼《凫绎先生诗集叙》）。而苏轼自己在文中评价说，颜太初之诗文“皆有为而作，精悍确苦，言必中当世之过，凿凿乎如五谷必可以疗饥，断断乎如药石必可以伐病”，表述了他的文学主张与创作原则。

苏洵教育苏轼兄弟不要为文而文，而要解决实际问题。对此，苏轼、苏辙一生谨记。正如苏轼在《南行前集叙》中回忆说：“自少闻家君之论文，以为古之圣人有所不能自已而作者。故轼与弟辙为文至多，而未尝敢有作文之意。”

不过，苏洵固然反对时文当中那些“好奇而务深”“虚浮不实”的文章，但他对于当时文坛领袖欧阳修的文章还是非常赞佩，常常要两个儿子诵读、学习。

有记载说，苏轼十岁时，见苏洵诵欧阳修的《谢宣召赴学士院仍谢赐对衣金带并马表》。苏洵让苏轼仿作一篇文章，“其间有云：‘匪伊垂之带有余，非敢后也马不进。’老苏喜曰：‘此子他日当自用之。’”（赵令畤《侯鲭录》）

前一句中的典故出自先秦《诗经·小雅》的《都人士》，

后一句中的典故出自《论语·雍也》。由于欧阳修在谢表中再次感谢皇帝赐予金带和马，所以苏轼引用了“带”有余、“马”不进两个典故。虽尚有斧凿之痕，但也算是善于用典，并表达了谦逊这一美好品德。看到苏轼的文章，苏洵非常喜欢，并希望苏轼有朝一日能够用在自己身上，表达了父亲对儿子的殷切希望。

其实不唯苏洵，中国历史上许多父亲都非常关注子女教育，并倾注了心血。

《论语·季氏第十六》记载：一天，孔子的儿子孔鲤经过庭院，被站在正中的孔子叫住了，问他最近学了《礼》没有。在得到否定的回答后，孔子说：“不学《礼》，无以立！”再问他最近学了《诗》没有，又一次得到否定的回答后，孔子说：“不学《诗》，无以言！”

学《礼》是为了增进道德修养，学《诗》是为了增进文化素养。孔子对儿子的适时教导，正代表了他君子人格教育中齐头并进、相辅相成的两大途径。后人教育下一代时，往往也是从这两方面来着眼的。

其次，是理性思辨的思维习惯。

苏洵在培养苏轼、苏辙两个孩子的时候，一开始就树立了一个非常重要的观念，即“为思想而创作”，而非“为创作而创作”。苏轼后来说写文章的最高境界是“常行于所当行，常止于所不可不止”（苏轼《答谢民师书》），看来即是家传。

为思想而创作，就是不图炫技，不为空言，而是要体现出独立思考的理性精神。为此，苏洵经常带着孩子一起读书，边读边探讨，对苏轼、苏辙兄弟起到了重要的启蒙作用。

他不仅把自己山川游历中的各种见闻，绘声绘色地讲给苏轼、苏辙听，更把历代典籍娓娓道来，让他们有了对于经典最初的认知与思考。他们探讨的问题涉及国计民生、王朝的外交与边防，以及历史的经验与对照。这些本属于父亲思考的问题，在读书探讨的过程中，也变成了两个少年开启理性思维的钥匙。

一次，苏洵教两个孩子写一篇具有议论文风格的《夏侯太初论》，才十一二岁的苏轼居然写出了“人能碎千金之璧，不能无失声于破釜；能搏猛虎，不能无变色于蜂虿”的警句。这句话寓哲理于生活，观察入微，极富思辨精神，引得作为文章大家的苏洵赞叹不已。

苏轼也很是自得，甚至到晚年作《黠鼠赋》时，还直接拿来此句做全文的结篇与升华。这是老年的东坡向少年的苏轼致敬，同样也是才华横溢的人生向理性启蒙的家教致敬。

当然，苏洵作为一个有思想家气质的严父，也并非总是板着一副面孔，他同样也注重启发兴趣，因材施教。

四川眉山流传至今的一个传说，可见出苏洵教子的机智。

传说苏轼、苏辙兄弟小的时候贪玩，并不爱读书。苏洵起初也不苛责，只是在孩子们嬉戏时故意躲在一边读书，还做出欣喜若狂状，仿佛书里藏着什么天大的秘密。等到苏轼兄弟感到好奇，欲一探究竟，苏洵就赶快把书给藏起来，装作若无其事的样子。这样的欲盖弥彰更引发了苏轼兄弟的好奇，他们趁父亲不在的时候，便去偷看父亲的书，看着看着，就对读书产生了浓厚的兴趣。

所以民间还有一首打油诗说："苏洵任性纵儿狂，手捧诗书石后藏。兴趣栽培引上当，堪称教子第一方。"

真是"教子第一方"！当年王羲之生有七子，前六个用心教他们写字，可书法成就不过尔尔。等到最小的儿子王献之到了学字的年龄，王羲之终于不教了。他每次进屋写字前，都做出兴奋万分又小心谨慎的样子，还要四处检查有没有人偷看，然后再酣畅淋漓地写字，还大呼过瘾。

这一切都引爆了小献之的好奇心，他在阁楼上掏了一个洞，以便偷窥父亲的"秘密行动"，幸运的是从未被四处检查的父亲"发现"。于是，偷师学艺的王献之终于踏上了属于自己的书法之路，最终与父亲并称"二王"，被后世誉为"千古书圣"。

有深度的父亲有时会挖一个浅浅的"坑"来引发孩子的学

习兴趣，但父亲的深度更表现在因材施教的真知灼见上。苏洵写过一篇著名的《名二子说》，最能体现这位父亲的深邃思考和教育智慧。

文中写道：

> 轮、辐、盖、轸，皆有职乎车，而轼独若无所为者。虽然，去轼则吾未见其为完车也。轼乎，吾惧汝之不外饰也。
>
> 天下之车，莫不由辙，而言车之功者，辙不与焉。虽然，车仆马毙，而患亦不及辙。是辙者，善处乎祸福之间也。辙乎，吾知免矣。

现在我们终于知道，作为一代文豪的苏洵为什么给两个杰出的儿子分别取名叫“苏车把手”和“苏车轱辘印”了。

苏洵对老大苏轼说，对一辆车而言，车轮、车辐、车盖、车轸都有着具体实际的用处，唯独车前横握的把手，看上去很风光，对车辆的运行却没什么实际的用处。可是一辆车必须要有轼，孔子说儒家重要的礼仪便是“轼而言之”。所以，握轼而言，握轼而观，都是为了让人慎重，不要轻言轻行。苏轼的字曰“子瞻”，也是这个意思。而苏轼后来的人生，果然因为轻言好议而屡屡遭难，反证了苏洵的眼光不可谓不深远。

苏洵对老二苏辙说，雁过留声，车过留辙，这是事理之必然。谈及车子行驶的功劳，虽然多数人注意不到车辙，可换个角度想，车马俱有翻覆死亡的危险，车辙却永远不会。所以对辙而言，可谓善处祸福之间，足以安身自保。故而只需知道之所由来、之所追求，便可放开胆、放开手脚去行动了。所以他为苏辙取字，曰“子由”。

正所谓知子莫若父，苏轼、苏辙后来的人生实践，莫不印证了这位思想家父亲的高瞻远瞩、深谋远虑。

从三十七岁到四十七岁，苏洵用十年完成了自己从应举考生到思想家的转变，而这十年，也是他悉心教育、指导两个天才儿子的十年。因为有母亲的温度与父亲的深度，成长起来的苏轼、苏辙兄弟将与他们的父亲一起，开启一段“一门三苏惊天下”的辉煌历程。

八大家中的另一家

谁是苏洵的知己？

谁又是苏洵的伯乐？

陪儿子进京赶考的他，能有机会实现心中的抱负吗？

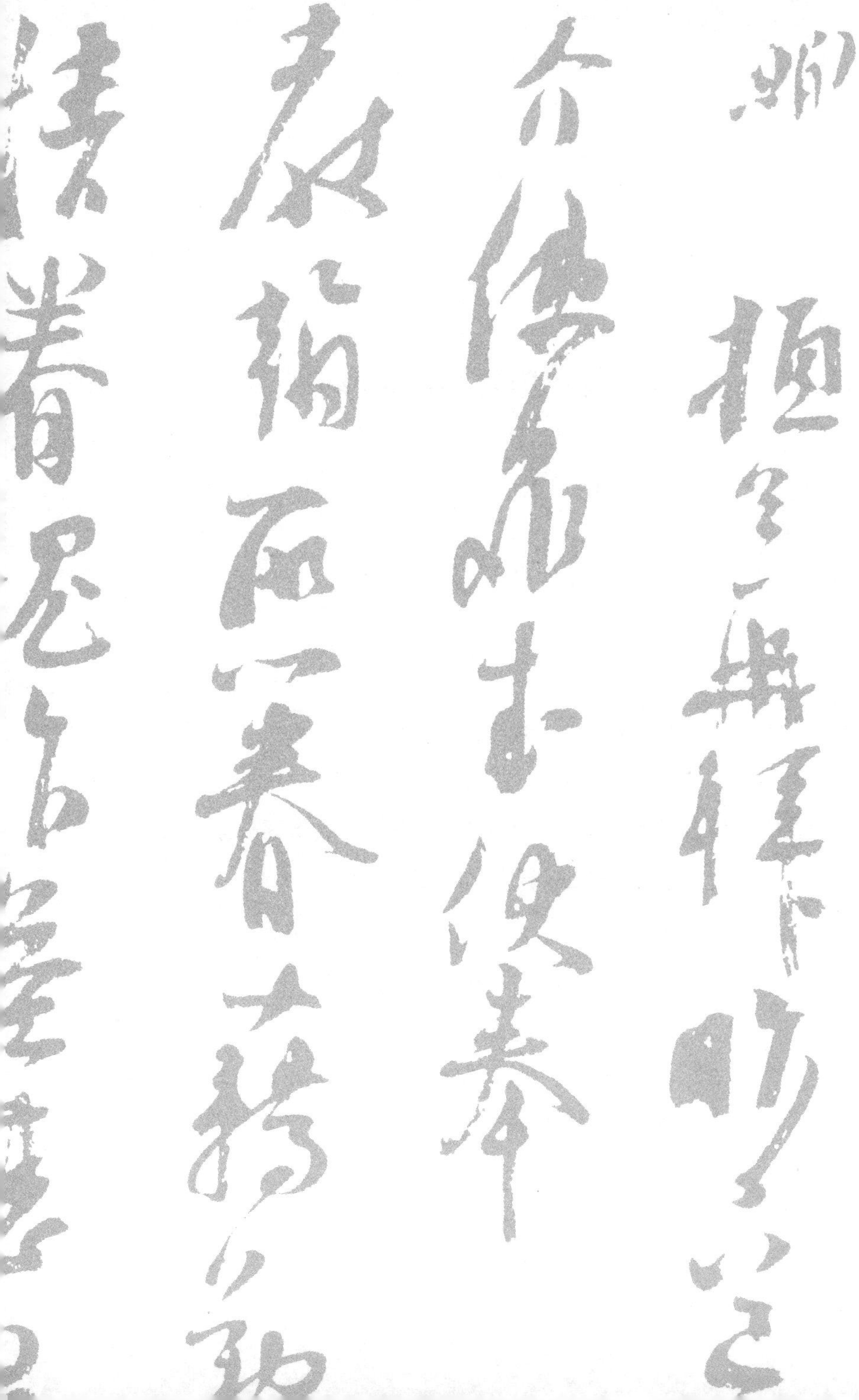

一门三苏惊天下

“世有伯乐，然后有千里马。”（韩愈《马说》）虽然苏洵后来说“知我者，惟吾父与欧阳公也”，但欧阳修作为苏洵的人生知己，其实还不能算是他的伯乐。他真正的伯乐有两个人，一个叫张方平，一个叫雷简夫。

张方平（1007—1091），字安道，号乐全居士，谥文定。

张方平是北宋政坛上的一代名臣，也是一个不世出的奇才，当时被派到益州做知州，主管四川，对成就苏洵父子最初的名望功不可没。据《宋史·张方平传》记载：“守蜀日，得眉山苏洵与其二子轼、辙，深器异之。”

据说张方平年少时，“家贫无书，从人假三史，旬日即归之。曰：‘吾已得其详矣。’凡书皆一阅不再读”（《宋史·张方平传》）。这是说，张方平因为家贫，没有书读，只好借书来读。由于借来的书数日内就要归还，又不好重复借阅，所以他只好逼着自己把所有的内容都记在脑子里，真正做到了过目不忘、过目成诵。如此这般，天长日久，其博闻强记的功夫鲜有人能匹敌。所以条件艰苦，对于一个人的成长未必不是一件好事，它至少可以帮你释放潜能。

作为拥有宋代“最强大脑”的天才级人物，一般人才实在难入张方平法眼。他到四川之后，主政之余，也想看看蜀中人才面貌。一番探求之后，发现大多名实不符，略感失望。就在这时，有人向他推荐了苏洵。

对于这次见面，张方平后来回忆说，当时甫一见面，发现苏洵并无闪光之处，只是非常沉稳安静而已。待到落座之后，两人开始交谈，张方平渐渐领略到苏洵的大家风采，感受到他的博物洽闻和思想深邃远超自己多矣。

对于苏洵的文章，张方平更是彻底折服。张方平评价苏洵的文风时说：“左丘明《国语》，司马迁之善叙事，贾谊之明王道，君兼之矣！”（张方平《文安先生墓表》）就是说，张方平觉得，左丘明、司马迁、贾谊这些千古文章大家的特长综合起来就是苏洵的文章风格，这简直就是文章之集大成者。

这次见面之后，张方平在自己家里的客厅设了一个专座，声明只有苏洵来，才能坐这个座位，平常来客，谁都不许坐。作为主政一方的大员，张方平对苏洵的崇敬居然到了这个地步，可见苏洵在张方平的心中具有怎样的地位。

既然如此推崇，张方平自然会不遗余力地推荐。

一开始，张方平推荐苏洵做益州学官。但是，这倒引发了苏洵另一个伯乐的强烈不满，也就是当时的雅州知州雷简夫。

雷简夫（1001—1067），字太简。在雅州时，雷简夫与苏洵相识，深感相见恨晚。可以说，雷简夫见到苏洵之后，受到震撼的表现更甚于张方平。他读完苏洵的文章，当时所下断语是——“王佐才也”，意即苏洵的水平可以做帝王师。

因此，对于张方平的推荐，雷简夫觉得简直是大材小用。“眉山老苏先生里居未为世所知时，雷简夫太简为雅州，独知之，以书荐之韩忠献、张文定、欧阳文忠三公，皆有味其言也。三公自太简始知先生。”（邵博《邵氏闻见后录》）于是，雷简夫转而给当朝宰相韩琦及当时的翰林学士、天下文坛盟主欧阳修等人写信，极力向他们推荐苏洵。

雷简夫在《上欧阳内翰书》中举荐说：

> 伏见眉州人苏洵，年逾四十，寡言笑，淳谨好礼，不妄交游，尝著《六经》《洪范》等论十篇，为后世计。张益州一见其文，叹曰：“司马迁死矣，非子吾谁与？”简夫亦谓之曰：“生，王佐才也。”呜呼！起洵于贫贱之中，简夫不能也，然责之亦不在简夫也。若知洵不以告于人，则简夫为有罪矣。

这封信的意思是说，起用苏洵，他做不到，也不是他的职责，但知道了苏洵这个人才，却不告诉当政者，就是历史的罪人、朝廷的罪人。其爱才之切，荐才之诚，着实令人钦佩。

张方平不甘示弱，也向欧阳修写信推荐苏洵。欧阳修立即回信，对张、雷二人的推荐表示赞许，希望尽早见到苏洵，好当面领略他的才华。有趣的是，张方平和欧阳修之间还有些私人恩怨，且向来政见不合。但在不拘一格用人才上，一者不计前嫌，一者欣然接纳，可见二人的胸襟与气度。

张方平对苏洵建议说："远方不足成君名，盍游京师乎？"（张方平《文安先生墓表》）他坦诚地对苏洵说，四川算是边远之地，如此僻远的地方不足以成就你的名望，为什么不到京城去游历呢？只有去到京城，才能让你潜龙腾渊，你一定要去啊！

苏洵虽然每次出川考试均铩羽而归，但在听了张方平及雷简夫的意见之后，斟酌再三，终于下了决心。

他在给张方平的信里说："洵今年几五十，以懒钝废于世，誓将绝进取之意。惟此二子，不忍使之复为湮沦弃置之人。今年三月，将与之入京师。"（苏洵《上张侍郎第一书》）意思是说，我已经快五十岁了，"学而优则仕"之心已经淡了，况且当年发誓不再参加科考，不考也就不考了。可我的两个儿子绝非池中之物，不能因为我耽误了孩子们的前程。故而今年三月，我将陪两个儿子一起出川入京，去蟾宫折桂！

嘉祐元年（1056）进京之前，苏洵带着儿子来拜别张方平。张方平一见苏轼、苏辙，即许为“国士”。

所谓国士无双，典故出自《史记》，是说韩信有经天纬地之才，无人可以匹敌。今天张方平一下子见了两位，说不吃惊是假的。张方平此话并非只是爱屋及乌的客套语，他还对苏洵预测了他两个儿子的命运。

据宋代无名氏所撰《瑞桂堂暇录》记载，张方平特地出了六道题，要考考兄弟二人。其中第一题出得生僻，第二题本无出处，是他故意用以考查兄弟俩的。苏轼、苏辙二人得题后，各自思考。苏辙有疑问，便抬眼望向哥哥。苏轼则举笔管敲了几下桌子，提醒苏辙这题出自先秦的《管子》。而第二题，苏轼则一眼就看出这是“陷阱”，于是直接勾掉不答。

考完后，张方平非常高兴，对苏洵说：“二子皆天才，长者明敏尤可爱，然少者谨重，成就或过之。”（佚名《瑞桂堂暇录》）

苏轼后来果然成为那个时代乃至中国历史上最可爱的人。林语堂在《苏东坡传》里说，古往今来，中国人再没有一个像苏东坡这么可爱的人了。然而，苏轼后来虽执天下文坛之牛耳，可仕途上终究只做到六部中的尚书，苏辙却做到了副宰相。之所以苏澈在政坛上的成就超过哥哥，全是因为谨慎持重、凡事会多考虑几步的性格。当时苏轼兄弟不过二十岁左右，张方平却能一语中的，可谓目光如炬。

当时的科举考试，是先参加各地的州试，州试过关后再去参加礼部的省试。作为益州知州，张方平说，以这两个孩子的水平，还有必要参加州试吗？于是直接推荐他们到京城去参加礼部省试。

辞别张方平后，经过益州推介，苏轼、苏辙可以直接参加礼部省试。于是“一门三苏”便怀着愉悦的心情，经过两个多月，于五月来到当时的京城汴京，也就是今天的开封。

接下来，可谓一门三苏惊天下——苏轼、苏辙兄弟参加科举考试高中。

苏轼以历史上讲究“仁”的尧和讲究“义”的皋陶为例，说明英明的君主当以“仁”治天下，所谓“广恩”“慎刑”，都体现了“忠厚”之义。考官梅尧臣读了此卷，拍案叫绝，认为其逻辑严密、文笔精练，所阐述的又是正统儒家思想，颇有孟子之风，在这届科考生中无疑拔了头筹，于是赶紧推荐给主考官欧阳修。

欧阳修看到苏轼的考卷，喜欢得不得了，本来要列为第一名，但又觉得文风像极了自己的学生曾巩，怀疑是曾巩的答卷，因为怕人说有师门袒护之嫌，所以取为第二名。就这样阴差阳错，苏轼这次应试本来应该是第一名的成绩，硬是被降为第二名。这对苏轼来说虽然是一个缺憾，却映照出欧阳修的为人和行事风格。

缘于这次科考，苏轼、苏辙兄弟出尽风头自不在话下，他们的父亲苏洵也同时一夜名动天下。

欧阳修在苏洵去世后为他所写的《故霸州文安县主簿苏君墓志铭》中，叙述了三苏父子初到京都时带来的冲击：

书既出，而公卿士大夫争传之。其二子举进士，皆在高等，亦以文学称于时。眉山在西南数千里外，一日父子隐然名动京师，而苏氏文章遂擅天下。

为什么儿子科举高中，作为陪考的父亲苏洵却一时名动天下呢？

首先，北宋讲求以文治天下。苏轼兄弟双双在礼部省试中脱颖而出，这在当时极为罕见，自然引发轰动。而这对科举奇才正是苏洵培养出来的，所以天下读书人竞相传写父子三人的文章，以为写作楷模。

其次，苏洵并非完全靠二子出名。事实上，在苏轼兄弟高中之前，苏洵的文名已经名噪一时了。

苏洵是陪儿子进京赶考不假，但他自己也心系国家、胸怀天下。他曾说写文章就是为了“言当世之要”，并“施之于今”。所以一入京师，根据张方平、雷简夫的推荐，他首先就去拜访欧阳修。

欧阳修作为当时的文坛盟主，向来海纳百川，不遗余力地奖掖人才。他一读苏洵的文章，立刻两眼放光，发自肺腑地感慨，以为苏洵的文风像极了一位古人。欧阳修此评价一出，文坛为之轰动。那么，欧阳修到底把苏洵比作哪位古人呢？

欧阳修的评价是——“目为孙卿子”（张方平《文安先生墓表》）。

这个评价不得了！

张方平只是说苏洵的文风像左丘明，像司马迁，像贾谊，欧阳修却说苏洵之文风像孙卿子。孙卿子就是荀卿，即荀子荀况。为什么荀子叫孙卿子呢？是因为汉代避汉宣帝刘询的讳，“荀”字古音和“孙”相同，就改成了孙卿子。

荀子可是儒家里程碑式的人物，孔子之后是孟子，孟子之后就是荀子。这个评价可以说是高到极点了，尤其又出自欧阳修口中，世人遂以为确评。

欧阳修随即向朝廷推荐苏洵，专门写了一篇文章叫《荐布衣苏洵状》，大意是建议朝廷不拘一格用人才，意即不要经过科举考试，直接重用苏洵。

对此，苏洵当然很期待。甚至，因为欧阳修等人的大力推荐，一时间，苏洵之才名，天下皆知。

可让苏洵郁闷的是，雷声大，雨点却很小。

欧阳修负责制造雷声，真正能降下甘霖的权力却不在他的手中。

欧阳修虽然是文坛盟主，但他只是翰林学士，不是宰相。当时的人事权主要掌控在宰相韩琦与富弼手中。

苏洵到京师后，不只拜访了欧阳修，也拜访了韩琦、富弼等人。事实上，雷简夫此前就曾专门向韩琦推荐过苏洵。韩琦此时任枢密使，负责军事。苏洵本喜谈兵，他的文章主要有四块内容，政论、史论、六经论，然后就是兵论，对当时北宋所处的军事环境，尤其是和西夏及契丹的彼此军事形态分析得深刻且到位。韩琦看后，也很喜欢。

韩琦对苏洵礼待有加，每次家宴，都把苏洵请来，列为座上宾。但是喜欢归喜欢，尊敬归尊敬，韩琦也一直没有用他。

至于富弼，更是态度不明。富弼在庆历新政中是个不得了的人物，范仲淹主持庆历新政时，富弼就是他的左右手。

苏洵作为一个思想家，总是喜欢找问题。他给韩琦上书，指出当时外交政策、军事政策的问题所在。他给富弼写信，更直截了当地说当年您跟范仲淹大人在庆历新政之时，意气风发，锐意改革，现在不知为什么，竟没有当年的进取精神了。这实际上已是在委婉地批评富弼。听到这样的意见，富弼当然不是很高兴。所以对于使用苏洵，富弼的态度一直是“姑少待之”（叶梦得《石林燕语》），也就是等等看，再等等看。

这一等，等到苏轼、苏辙高中科举，名满天下；等到全天下“莫不人知其名，家有其书”（曾巩《苏明允哀词》），苏洵还是一介布衣，朝廷还是没有“不拘一格用苏洵”的计划。

于苏洵而言，虽说是陪子进京参加科举，但他“学而优则仕”之心还是在的，只是不想再走科举应试的道路而已。中国古代知识分子所谓立德、立功、立言，方为不朽。立言排在最后，不能立功，如何不朽？

苏洵擅写政论、兵论，一眼即知，那是雄心万丈，有用于当世之心。所以他虽不应科举，但也是期望朝廷能重用他的。再加上欧阳修、张方平、雷简夫等人如此推荐他，一入京师，名满天下，开始是他去结交达官贵人，后来是达官贵人们抢着来结交他。所以在苏洵心中，希望的火苗蓬勃燃烧。可希望虽在，却始终没有变成现实。朝廷一拖再拖的做法，让苏洵不知所以。冬天，张方平返京，苏洵作《上张侍郎第二书》，其言恳切、凄切，透露出他心中的迷茫与困惑。

不仅如此，紧随迷茫和困惑之后的，是痛、苦、涩、憾的接踵而至。

惑、痛、苦、涩、憾

携子入京，对于苏洵来说，既是成名之旅，又是困惑之旅。一方面，一门三苏惊天下；另一方面，苏洵陷入了人事的怪圈，进退不得，困惑不已。

正在这个时候，四川老家突然传来消息——苏洵深爱的发妻，那位贤妻良母程夫人病逝了。

噩耗传来，简直是晴空霹雳。后来苏轼回忆当时情景，说他父子三人俱是其心惶惶，急急回乡奔丧。苏洵走时，甚至没有来得及跟平生知己欧阳修道别。

回到老家后，苏洵亲手安葬了自己的妻子。

苏洵与发妻程夫人的感情极深。作为儿子与弟弟的苏洵有所成长，是因为有父亲苏序、哥哥苏涣的包容；作为丈夫的苏洵“二十七，始发愤”，是因为有妻子程夫人的理解和扶持，甚至是引导。所以，苏洵在回忆自己的年轻时代时说：“昔予少年，游荡不学。子虽不言，耿耿不乐。我知子心，忧我泯没。”（苏洵《祭亡妻文》）意思是，当年那个懵懂不学、游手好闲的我啊，让你操尽多少心，让你费尽多少神。你暗自替我担心，静静等待我的觉醒。这样的妻子，这样的人生知音，能到哪里去找呢!

苏洵心痛不已，因丧妻一下子衰老了许多。后来他把妻子安葬在四川眉山老家的老翁泉边，每天到老翁泉边的亭子里默默枯坐，陪着自己的妻子。

然而，说到痛苦的心情，却还不只痛丧发妻一事。在接下来的一年里，苏洵又接连遭逢族中丧亲、世间丧友之痛。尤其是他年轻时的至交好友史经臣，曾在他初次科考失意后，陪他遍游名山大川。二人万里同游，秉烛夜谈，结下了极深厚的友情。此时史经臣突然病逝，苏洵之悲痛伤感，如雪上加霜，一时更难排遣。

论及苏洵此时的心情，回家之前可以用一个字来形容——惑，迷惑之惑、困惑之惑。朝廷对他的态度，雷声大，雨点小，暧昧不明，让人困惑。回乡之后，用一个字来形容，则是痛!痛而后苦，苦而后涩，林林总总，终成生命中的遗憾。

在亲人、友人相继离世的痛苦中，苏洵迎来了一则让他倍觉苦涩的好消息——嘉祐三年（1058）十月，朝廷突然通知苏洵进京参加舍人院的试策考试。

苏洵听闻消息，不由一阵苦笑。

十月先是益州方面通知他，十一月，正式的通告来了。十二月，苏洵上书朝廷，拒绝参加舍人院的试策。

可这到底是为什么呢？

苏洵不是一直想学而优则仕吗？现在机会来了，为什么又要放弃呢？

苏洵的理由是——我病了，病得不轻！

确实，送别妻子、亲友后，他的身体一直不太好，但也不至于病到放弃“学而优则仕”的理想，所以这明显是托词。那么，真正的原因究竟是什么？

苏洵在给欧阳修及其他友人的信里，间接道出了他此次拒绝朝廷征召的真正原因。

首先，他心中苦涩的根源，是对科举制度的强烈不满。

苏洵说：“惟其平生不能区区附合有司之尺度，是以至此穷困。今乃以五十衰病之身，奔走万里以就试，不亦为山林之士所轻笑哉！”（苏洵《与梅圣俞书》）他从十八岁开始，考到三十七岁，屡败屡战，又屡战屡败。所谓“五十少进士，七十老童生”，固然尤以明清为甚，但自唐以来在科举一途上耗尽青春与生命的人实在不在少数。苏洵本不擅声律记问之学，数十年中，眼睁睁看着自己的青春、自己的理想都被这个考试制度折磨殆尽，心中的不满与怨气可想而知。况且他三十七岁那年焚稿明志，已经声明不再做考试制度的奴隶，如今名满天下，又怎能拿尊严去换取进入仕途的“敲门砖”？

其次，是对朝廷拖拉作风的强烈不满。

他离京之时，满心困惑。惑从何来？不难理解。欧阳修、张方平、雷简夫等朝廷大员极力推荐他，世人皆称其为“王佐之才”，可为“帝王之师”；朝廷也说人才难得，可就是不予任用。甚至宰相也很推崇他，奉为座上宾，掌握着话语权与人事权的达官贵人们纷纷主动结交他，然而还是不用。当然，也不说不用，“姑少待之”，本质也就是一个字——拖。拖到如今，又从试策做起。

苏洵坦言，眼见赴京路远，应试时长，再阅卷，再放榜，再任命一个说不定我不喜欢的官职——我都这么老了，折腾不起啊！

再次，是对朝廷不信任态度的不满。

既然说是“王佐之才”，又特意下诏让他去参加试策考试，这不是自相矛盾吗？举荐、肯定苏洵的都是欧阳修、韩琦等人，欧阳修是天下文坛盟主、翰林学士，韩琦更是当朝宰相，甚至连富弼也极认可苏洵的才学。这些人还不能代表朝廷吗？却还要用试策的形式如此拿捏，不是不信任又是什么？

朝廷如此拖拉，如此不信任，而科举考试又曾造成如此沉重的心灵伤痕，所以苏洵信中欲言又止的根本原因是觉得人格受到了侮辱。一个知识分子的灵魂，面对这样的应试，是生命中不能承受之重。

但即便这样，苏洵还是没能彻底放下。他虽然拒绝应试，但还是给仁宗皇帝写了一篇长长的《上皇帝书》，提出了自己的十大政治革新主张，把自己对时局、对社会、对天下的看法，把自己的思想和智慧，对朝廷一一贡献出来了。

那颗“学而优则仕”之心，在苏洵身上还是滚烫滚烫的。

到了嘉祐五年（1060），朝廷看苏洵不愿应试，终于给了个官——秘书省试校书郎。

一般说苏洵开始任职的是秘书省校书郎，其实不确，前面要加个“试”。试校书郎是个试官、见习官，意为备用，还不是正式的。

对此，苏洵心中更是苦笑连连。因为这个秘书省的试校书郎，官阶甚至只有九品。七品已是芝麻官，九品，连芝麻大小都没有，低到无法再低。

此时，苏洵已经五十一岁了，五十一岁的时候才得到一个九品官。次年，因为朝廷要修《礼书》，知道苏洵学问好，又把他改任霸州文安县主簿。官阶，从八品。

世人多为苏洵鸣不平，甚至有人认为，既然试策都已拒绝，官职亦当不取。彻底拒绝，至少还能保持知识分子的独立人格。

但出人意料的是，苏洵最后还是接受了这两个比七品芝麻官还小的官职。细细想来，苏洵心中除苦涩外，亦当有不得已的苦衷。

第一个苦衷，是不想驳好友的面子。

他前此已经拒绝了舍人院的试策，一而再，不可再而三，毕竟欧阳修、张方平、雷简夫等人反复向朝廷举荐他，这些都是名满天下之士，都是朝廷重臣。苏洵若一再拒绝，欧阳修等人厕身朝廷与好友之间，又如何自处？

第二个苦衷，是不敢逆时代的共识。

进入仕途与官方认可，是北宋知识分子扬名天下的先决条件，这在当时，几成共识。两宋重文轻武，知识分子基本上都要通过科举仕途一路，才能名满天下。尤其在北宋，更是如此。你虽有才，但始终在民间，不被朝廷认可，没有一官半职，也就很难在文坛上获得话语权，同样，也很难被世人真正认可。“唐宋八大家”中，除苏洵一人外，皆进士出身，就可见一斑。

在这一时代共识下，苏洵虽另辟蹊径，已名满天下，但始终不入仕途，就得不到主流价值观的认可，继而也很难获得全社会的认可。所以，官职虽然很小很小，苏洵心中也别有苦涩，最终还是委屈就职。他后来去世较早，想必也与这种委屈、抑郁不无关系。

第三个苦衷，是不甘负胸中的才学。

苏洵向来主张读书、治学是要“有用于当世”的。他满腹才学，却无用武之地。现在朝廷要修《礼书》，请他出山做官。宋、明是人类文明史上最早的文官政治时期，不论对于儒家社会还是文官政治而言，《礼书》的地位都非常重要。对于苏洵来说，修《礼书》毫无疑问是一件功在当代、利在千秋的大事业。对于知识分子来讲，既然有伟大的事业，又何必在乎官职的大小。所以，应该是基于这种抱负与追求，苏洵才最终毅然接受了任命，踏入了仕途。

可是，苏洵终究是以大才而屈居下僚，所谓“辜负胸中十万兵”，久而久之，心中惑、痛、苦、涩，又怎能不抑郁难平？修完《礼书》不久，有“王佐之才”、堪为“帝王之师”的苏洵郁郁而终，年仅五十八岁。

或许临终之际，除了惑、痛、苦、涩外，苏洵心中也充满了遗憾。

苏洵的人生确实让人感慨，虽没有风云变幻的大事迹，却也起伏跌宕，令人扼腕叹息。

粗粗来看，苏洵一生大体可分为三个阶段：二十七岁以前，是他“少不喜学”的时期；从二十七岁到四十八岁，是他奋发读书的时期；从四十八岁他带领苏轼、苏辙兄弟进京应试起，到五十八岁去世，是他以文章名震天下的时期。

早年，苏洵虽“少不喜学”，但有父亲的理解、兄长的引导、妻子的支持，终于走上不凡之路。

可任他天资聪颖，却无奈考运太差，屡屡科考失意，困于场屋。

眼见功名无望，却又硬生生另辟蹊径，完成了向思想家的蜕变。

因其才学，因其思想，欧阳修、张方平、雷简夫等人大力举荐，苏洵遂携子入京，一门三苏惊天下，仿佛接下来就可以志得意满，大展宏图。

可是出人意料，当权者礼之、敬之，唯不用之。

继而妻丧友逝，跌入人生低谷。朝廷勉强用之，却不能尽用其才，致其屈居下僚，郁郁而终。世人、友人，皆为之一叹！

应该说，没有张方平、雷简夫、欧阳修等友人的极力推扬，苏洵很难获得令世人瞩目的机会。尤其是欧阳修，作为平生知己，一直主张不拘一格用苏洵，认为苏洵是难得一遇之大才。当政的韩琦等人亦以为当然，可礼之、敬之，唯不用之。而富弼“姑少待之”，一拖就拖了好多年。以至于很多年后，富弼之子富绍庭欲求大名鼎鼎的东坡先生为其父写神道碑，因为这段往事，而“久之不敢发”。最后硬着头皮勉强开口，但还是怕苏轼拒绝。结果苏轼不计前嫌，“一请而诺”，为富弼写下神道碑，并对富弼的政绩给予了由衷的赞美，称赞说“百余年间，兵不大用者，真宗、仁宗之德，而寇准与公之功也”（苏轼《富郑公神道碑》）。天下人也因此称赞苏轼真是襟怀磊落、非凡之人。

鼎新与革故

苏轼一生为人率真、胸怀旷达，不但对富家不计前嫌，而且与政见不同的王安石，后来也是江湖一笑泯恩仇，成为人生挚友。然而苏轼的父亲苏洵与王安石，却有一段不得不说的历史公案。

据一些史料记载，苏洵与王安石素来不合。也有一些史料显示，苏洵与王安石虽为同时代人，可两人生平交集很少。那么，他们之间到底有哪些恩怨是非呢？

王安石在后代有两个非常有名的绰号：一个叫“拗相公”，是说他脾气特别拧，不听人劝；另一个更有名，叫“邋遢相公”，是说他不洗澡。

事实上，在古代“沐”是洗头发，“浴”是洗身体，“洗”是指洗脚，“澡”则是指洗手，而王安石则是全身都不洗。不仅宋代野史纷纷记载有王安石不爱洗澡的逸闻，甚至连正史《宋史》都明确说他“性不好华腴，自奉至俭，或衣垢不浣，

面垢不洗”。(《宋史·王安石传》)。宋人朱弁所著《曲洧旧闻》谈及王安石这一点则说:“王荆公性简率,不事修饰奉养,衣服垢污,饮食粗恶,一无所择,自少时则然。”说明王安石不爱洗澡的习惯是自小养成的。

邋遢也就算了,关键是还脾气执拗,所以王安石也不听人劝,连朋友、同事、上级,甚至皇帝的种种暗示、明示也根本不管用。后来还是他最要好的两个朋友吴仲卿和韩维想出了绝招。

吴、韩二人知他喜谈天,每每约他出来纵论天下或治学之事,等到王安石兴致高昂时,便边聊边拖他一起泡澡、洗浴,又事先让人拿干净的衣服悄悄换掉王安石的脏衣服。王安石边洗边聊,浴后有什么穿什么,浑然不觉衣服已被调包。这样每一两月洗一回,也算大有改观。

三苏父子入京之时,王安石已名满天下。王安石比欧阳修、韩琦等人低半辈,也尤为欧阳修所欣赏。欧阳修曾劝苏洵结交王安石,一介布衣却又一身傲骨的苏洵却说:“吾知其人矣,是不近人情者,鲜不为天下患。”(张方平《文安先生墓表》)可以说,苏洵是最早从性格出发,论定王安石将是引发天下动荡的第一人。

闻苏洵此论,欧阳修也只得作罢。一次,欧阳修在家中举办盛大的晚宴，当晚来了很多人，苏洵也被请为座上宾。晚宴结束后，作为特殊的好友，苏洵被欧阳修留下来夜聊。

苏洵突然问：“座中囚首丧面者何人？”囚首丧面，用词颇形象、生动。

欧阳修闻之一笑说：“这就是名满天下的王安石啊。”

苏洵继而态度明确地对欧阳修说：“此人异时必乱天下，使其得志立朝，虽聪明之主，亦将为其诳惑，内翰何为与之游乎？”（方勺《泊宅编》）

苏洵之所以断言王安石将来必乱天下，并非简单地以貌取人，而是觉得王安石特立独行的性格与举止容易让人迷惑。将来小皇帝若被他迷惑，依其性格，天下必将因他们而势成脱缰之野马。

苏洵不喜欢王安石，王安石同样也不喜欢苏洵，甚至因此累及苏轼、苏辙兄弟。事实上，王安石最初对三苏都很有意见。

苏轼、苏辙兄弟高中，一门三苏名震天下，朝廷上下对苏轼兄弟的文才交口称赞，甚至连仁宗皇帝都对苏轼兄弟二人青眼有加。王安石却说苏轼兄弟的制策之文不过尔尔，文风像战国纵横家文，不过摇唇鼓舌、蛊惑人心，并说“若安石为考官，必黜之”。（邵博《邵氏闻见后录》）

这里说的虽是苏轼兄弟，潜台词却也包含了苏洵，意即苏轼兄弟之所以如此，不过是受其父影响而已。苏洵与欧阳修同辈，王安石晚了半辈，不便明指，语含讥讽却也昭然若揭。

这样一来，苏、王之间渐成势不两立之态。

后来，一个偶然的契机，促使苏洵挥笔写了一篇轰动一时的名作。这个契机是王安石的母亲去世了。张方平记载说："安石之母死，士大夫皆吊，先生独不往，作《辨奸论》一篇。"（张方平《文安先生墓表》）

苏洵在《辨奸论》里直言不讳地说：

> 夫面垢不忘洗，衣垢不忘浣，此人之至情也。今也不然，衣臣虏之衣，食犬彘之食，囚首丧面而谈《诗》《书》，此岂其情也哉？凡事之不近人情者，鲜不为大奸慝，竖刁、易牙、开方是也。

一则用词、用语之激烈，极为罕有。

二则苏洵以一介布衣的身份如此抨击王安石这样一颗冉冉升起的政治新星，这在北宋文坛，也同样极为罕见。

有关苏洵与王安石的矛盾，后世之人议论纷纷，南宋叶梦得的总结直指根本。

叶梦得在《避暑录话》里说：

> 苏明允本好言兵，见元昊叛，西方用事久无功，天下事有当改作。因挟其所著书，嘉祐初来京师，一时推其文章。王荆公为知制诰，方谈经术，独不嘉之，屡诋于众。以故明允恶荆公甚于仇雠。

这段话是说苏洵思想深刻，眼光独到，对时局的分析能够切中肯綮，加之又想有一番作为，所以一入京师，天下推其文章，绝非浪得虚名。而王安石喜谈经术，尤重王霸之道，兼之曾于地方试点，并获得成功，所以当时欲以经纶世务之手法扭转乾坤，自然与苏洵的批判性眼光、思想不合拍。二人之别，正是道与术的根本区别。

叶梦得所论正中窍要。换句话说，苏、王之别的本质正是思想家与改革家的区别。

苏洵厚积薄发，思想深刻，是八大家中的思想家。

王安石看重实践，锐意变法，有着强大的行动力，是八大家中的改革家。

由此引发对变革时局的根本态度之争——

改革家王安石的主张是革故鼎新。

思想家苏洵的主张则是鼎新革故。

苏洵作为一个思想家，主张鼎新革故，在旧中创新，找到稳妥的变革点，继而由点到面。而王安石作为一个改革家，主张与过去一刀两断，提出“天变不足畏，祖宗不足法，人言不足恤”。(《宋史·王安石传》)“三不足”惊天动地，十新法断然出炉。勇气固然可嘉，可引发的阻力之大、反弹之烈，前所未见。最终，变法宣告失败。

客观而论，还是苏洵的变革观点更符合当时的社会实际。王安石虽然伟大，但作为一个改革家，他终究是太激进了。

故而苏洵和王安石之别，就是思想家与行动家，或者说思想家与改革家之别。作为思想家的苏洵更理性、深刻一些。所以，他才是“唐宋八大家”中的另一家——唯一一个没有进士功名的，没有显耀任职的，没有主政一地的，也不擅长诗赋韵文写作的。

但他是“唐宋八大家”中的思想家。

因此，在他身上体现的不是一个士大夫当世的风光与荣耀，而是一个知识分子内心的富有与人格的独立。此即陈寅恪先生所云——

“独立之精神，自由之思想。”

苏轼

苏轼晚年自评："问汝平生功业，黄州惠州儋州。"

为什么三处贬谪流放之地，却是东坡先生的"平生功业"所在?

他命运坎坷，却为何始终旷达乐观?

他屡遭陷害，却为何始终与人为善?

作为一代宗师与中国文化史上的奇迹，"苏东坡"究竟是如何"炼成"的?

黄州 惠州 儋州

苏轼晚年，从万里投荒的流放之地，遇赦北返，终于生还江南。路过金山寺的时候，他偶然看到大画家李公麟当年为他画的小像，不禁百感交集，遂题诗一首云：

“心似已灰之木，身如不系之舟。问汝平生功业，黄州惠州儋州。”（苏轼《自题金山画像》）

为什么最苦难的三大流放之地，却成为东坡居士的“平生功业”呢？

这都要从木秀于林的少年子瞻说起。

燕支雪闇中偷負

夜半真有力何殊少病

子病起頭已白

春江欲入戶雨勢來

木秀于林

苏轼（1037—1101），字子瞻，号东坡居士，“唐宋八大家”之一，有宋以来最伟大的文学家与文化宗师。

苏轼从小就被称为天才儿童。据很多古籍记载，他一出生就有天地异象。

宋人张端义《贵耳集》记载：“蜀有彭老山。东坡生则童，东坡死复青。”这是说苏东坡出生的时候，周围的山立刻都变得光秃秃的了，因为天地之精华、山川之灵气全部汇集于他一人之身了。直到苏东坡死后，把天地精气还给了群山，满山才又重新青翠。

古人写天赋异禀之人，常用夸张手法。比如，后世说曾国藩出生之时，他家屋后的一棵大树上突然冒出一截青藤。这青藤象征着曾国藩的生命，吸收天地精华之气开始疯长，最后将整棵古树全部笼罩。一直到曾国藩去世后，青藤才渐渐枯萎。此说与苏轼出生时的传说倒也类似。

不管怎样，有这样的传说即意味着世人对苏轼天赋的推崇。

苏轼天赋既高，又得益于父母优良的家庭教育，所以少小聪颖，如锥处囊中，脱颖而出是必然的。

苏轼幼时也入塾中就学。他八岁时曾经跟一个叫张易简的道士读书，之后又跟塾师刘巨学习。

一次，刘巨写了一首诗，很是得意，苦无知音欣赏，只得念与眼前的一帮幼童听。念到末两句“渔人忽惊起，雪片逐风斜”时，忽听下面一个稚嫩的声音说：“这两句不好。”

刘巨定睛一看，发言者正是小苏轼。

刘巨来了兴致，便问：“你说哪里不好？依你如何？”

小苏轼也不客套，径直回答道：“‘雪片逐风斜’显得没有归宿，没有着落。未若改成‘雪片落蒹葭’。”

所谓“蒹葭苍苍，白露为霜”，初雪落于蒹葭之上，意境果然更胜一筹。

刘巨一听，很是惊讶，仔细揣摩，叹为神童。后来更与苏洵坦言“吾非若师也”（叶寘《爱日斋丛钞》）——你这儿子天赋佳绝，我的才学不足以教他。

苏洵后来便自己倾力来教，一个思想家父亲教一个天才且好学的儿子，苏轼的成长就像一匹千里马，日行千里，一骑绝尘。苏轼二十一岁时，父亲苏洵带着他与十九岁的苏辙一齐出川，往汴京求取功名。

苏轼入京后，果然一鸣惊人。

前此有述，那一年的主考官是天下文坛盟主、翰林学士欧阳修，参详官是同样名满天下、后来被称为宋诗“开山祖师”之一的梅尧臣。

礼部省试分为好多门，苏轼第一次参加礼部省试时，其中一科的应考文章题曰《刑赏忠厚之至论》。欧阳修曾特意交代梅尧臣，千万不要漏过那些有思想、有内涵的好文章。梅尧臣不负所托，检读试卷时发现了苏轼此文，非常激动，大为惊叹。赞叹之余，连忙拿给欧阳修看。欧阳修一看，也激动得不得了，连说好文章、好文章！

欧阳修本是文章宗师，慧眼独具，一阅此文，即有心将此篇点为第一。但忽然又想，如此精彩之文章，除却自己的学生曾巩，还有谁能写得出来？若曾巩得了第一，天下人岂不是会议论纷纷，说有师门袒护之嫌？

欧阳修左思右想，又与梅尧臣反复商量，终于为避嫌起见，将这篇《刑赏忠厚之至论》列为第二名。

放榜之后，苏轼到座师欧、梅二公门下谒谢。欧、梅二公既赞叹其青年才俊，又大度地不耻下问。原来，苏轼在文中论轻刑时举例云：“皋陶为士，将杀人，皋陶曰‘杀之’三，尧曰‘宥之’三。”欧、梅饱读诗书，却不知此句典出何处。

年轻的苏轼爽朗地笑笑说：“当年曹操灭袁绍，将袁绍之子袁熙美貌的妻子甄宓赏赐给自己的儿子曹丕。孔融对此不满，说当年武王伐纣之后，将纣王的宠妃妲己赏赐给了周公。曹操闻之大惊，忙问此事记载于哪本书。孔融却说并无所据，只不过是以今天的事情来推测古人，想当然罢了。所以，学生也是以尧帝为人的仁厚与皋陶执法的严格来推测，想当然耳！”

欧阳修一听击节称叹，事后他在给梅尧臣的书信中坦言：“读轼书，不觉汗出，快哉快哉！老夫当避路，放他出一头地也！”（欧阳修《与梅圣俞书》）言下之意，是认为苏轼之才不可限量，其文章必将独步天下，将来文坛盟主的身份一定是要交与苏轼的。事后，欧阳修还多次与人谈起，说：“此人可谓善读书，善用书，他日文章必独步天下。”（杨万里《诚斋诗话》）

中国古人的学问，一大半来自经书与史书。经书就是指古代儒家经传，比如儒家经典《大学》《中庸》《论语》《孟子》等。经书之外，古人最喜欢读的就是史书，因为在古人的传统认识中，历史最能开人智慧。

正如苏轼在《与元老侄孙》中说：“为学何如？想不免趋时。然亦须多读书史，务令文字华实相副，期于适用乃佳。”又在《与千之侄》中说：“可读史书，为益不少也。”

贯通经史，其实不仅是苏轼的特点，也是他们父子三人的共同特点。南宋理学家、文学家朱熹对苏氏父子在这方面的长处观察得非常细致，也极为深刻。他将北宋学者李觏与三苏父子做了对比，说：“李泰伯文实得之经中，虽浅，然皆自大处起议论。……老苏父子自史中《战国策》得之，故皆自小处起议论，欧公喜之。”（《朱子语类》）他们通古今之变，往往借助历史议论实证。苏辙也曾指出：“父兄之学，皆以古今成败得失为议论之要。”（苏辙《历代论引》）父子三人同题写作的《六国论》便是例证。

后来，苏轼回乡守母丧，三年后回京参加制科考试，入第三等（一、二等为虚设），不仅拿了天下第一，还拿下有宋以来“百年第一”。苏辙也与哥哥一同高中。宋仁宗退朝后，高兴地对曹皇后说：“吾今日又为子孙得太平宰相两人。”（陈鹄《耆旧续闻》）

年轻的苏轼科举高中头名，一时名满天下，所有人都对他寄予了厚望。可是木秀于林，风必摧之，在他踏入官场之后，迎面而来的却是熙宁变法的政治风暴。

初入官场时，苏轼在陕西凤翔任职锻炼，回京没过多久，苏洵病逝，苏轼与弟弟苏辙一起回乡守丧。期满还京之时，正是神宗熙宁元年（1068）。次年，即开始了震动朝野的王安石变法。

平心而论，对于熙宁变法，苏轼并不是一个坚决的反对派。从他的文章可以看出，他对北宋当时冗官、冗兵、冗费的现实也有深刻的认识，也有改革时弊的主张。另外，虽然父亲苏洵向来不齿王安石的为人，但苏轼为人豁达、宽容，对王安石并不抱有成见，反倒是王安石一开始就对苏轼父子抱有偏见。

苏轼在思想上深受苏洵的影响，他认为改革本身没问题，问题在于改革的做法。变法之初，苏轼便在神宗皇帝召见他时直言批评："臣窃意陛下求治太急，听言太广，进人太锐。"（苏辙《亡兄子瞻端明墓志铭》）事实上，王安石改革的十条新法、十大主张在短时间内全盘托出，确实太过激进。这正应了孔子的忠告"欲速则不达"（《论语·子路》）。对变法操之过急就造成了矛盾激化，转化为人事上的斗争。

王安石大权在握，对反对派的立场是——一切反对派，统统靠边站。他绕开传统机构，另外设立制置三司条例司，成为当时改革的主导机构。官员中只要支持他变法的，就被迅速提拔，所以很多投机分子在这个过程中飞黄腾达。而稍有反对意见的，全都靠边站。这样一来，朝廷内部矛盾迅速激化。变法导致党争，终致失败，王安石自己最后也反受其害。

苏轼一语便道破了王安石变法必然失败的要害。

才高八斗又名满天下的苏轼居然也反对变法，这令王安石很不满，就让他去做一个开封府的推官，想用烦琐的行政事务把他困住。但苏轼能力太强了，烦琐的事务根本困不住他。

他不停地上书批评，矛头直指王安石与神宗皇帝，终于惹得新党大怒。

王安石手下有一御史叫谢景温，遂上书弹劾苏轼，说他当年回乡为父亲发丧时，居然沿途贩卖货物，顺便理财，真可谓大不孝。

在古代重孝的儒家社会，这样的指控是致命的。但是，这完全是政敌的诬蔑。苏洵死时，欧阳修、韩琦等人分别向苏轼送了数百两银子做丧葬费，苏轼感谢之余，拒收了所有礼金。故而，当时翰林学士范镇就反驳说，苏轼连名正言顺的钱都不拿，怎么可能在为父亲发丧时去行商贩之所为呢?

当时苏轼是旧党的核心成员，在新旧党争的政治倾轧中，本来雄心壮志、意气风发的苏轼，受到如此诬蔑，不免灰心丧气，于是主动要求外放，不愿再留在京师这是非之地。他先是到杭州做了三年通判，在此期间，苏轼受张先的影响和启发，开始喜欢上词的创作。也是在杭州通判任上，苏轼遇到了他后来的人生知己王朝云。

熙宁七年（1074），苏轼因任期即将届满，加之思念正在山东齐州（今济南）任职的弟弟苏辙，又主动要求调任山东密州（今诸城）。在密州任上，苏轼写有两首著名的《江城子》。一首是怀念亡妻王弗的《江城子·乙卯正月二十日夜记梦》，另一首则开创了豪放派词风的先河，即《江城子·密州出猎》。而名传千古的《水调歌头·丙辰中秋》则是苏轼在密州时思念弟弟苏辙所作。

正是因为有了《江城子·密州出猎》，才有了后来的《念奴娇·赤壁怀古》，才有了豪放词派的辛弃疾、陈亮、刘过、张孝祥。豪放词在东坡居士的毕生词作创作中，虽然只占十分之一左右，但因为有了这首《江城子》，有了《念奴娇》，东坡先生就不愧为开一代风气的千古宗师。而东坡先生之所以能开一代之风气，能为豪放词派奠基，则是因为他有包容的心态、阔大的襟怀。所以，人生必有胸怀，境界方得超越，这正是东坡先生的大智慧。

之所以能如此，还和他的心态有关。苏轼因为政治斗争被外放去做地方官，对于即将步入中年的他来说，这种仕途上的坎坷反而造就了一种包容的心态。正是这种能够主动调整的包容心态，才让他在接下来面对人生中数次巨大的危机时都一一挺过，实现自我超越。

反观整个北宋文人党争，文人们体现出的大多是偏执的性格。在旧党中唯有苏东坡能够包容，能够调整。而新党中唯有王安石的学生、陆游的祖父陆佃具有这种包容精神，十分难得。

这样我们就能够明白，苏轼能写出豪放词，能在密州任上的种种不如意中创作出千古不朽的《江城子·密州出猎》《望江南·超然台作》，都和他善于自我调整，在命运面前进行自我超越的大襟怀、大智慧有关。他虽然在词中借魏尚与冯唐的典故，写出对现实、对仕途坎坷、对命运的不满，但不满背后更多的是期望，是超越。

离开密州之后，苏轼又任徐州知州。一到徐州，便碰上洪水泛滥，人心大乱，富户们都准备逃走。苏轼出面安抚富户，带领全城百姓众志成城，齐心协力和洪水抗争。在抗洪过程中，他运用自己的智慧想出各种各样的办法，甚至还说服了地方知州无权调动的禁军共同参与抗洪。抗洪终于成功，全城得以保全。为表纪念，苏轼修了一座黄楼，许多名士写了《黄楼赋》，尤以苏辙的《黄楼赋》最为有名。

苏轼在徐州时，为解决当地人冬天燃料短缺的问题，还组织人员勘查煤矿。现在徐州及徐兖一带的煤矿，最早就是苏轼带人勘查出来的。

离开徐州之后，苏轼调任湖州知州，到任没多久，他人生最重大的转折点就到了——著名的“乌台诗案”爆发了。

“乌台诗案”

元丰二年（1079）四月，四十四岁的苏轼调任湖州知州，他一到任，就给神宗皇帝写了一封《湖州谢上表》。这本是例行公事之作，奈何苏轼身上有着太浓郁的文人士大夫习气。他在文中表达了对新党排斥异己的不满，说自己“愚不适时，难以追陪新进”，又说“老不生事，或能牧养小民”。这一下被新党抓住了辫子。

新党成员御史中丞李定，御史舒亶、何正臣等人要的就是这样一个小辫子以作契机。其实他们早就挖好了陷阱，等着苏轼掉进去。

说起苏轼的倒霉，始作俑者还是一个当时才秀人微的大科学家——《梦溪笔谈》的作者沈括。

沈括比苏轼大六岁，却比苏轼晚六年考中进士。他曾与苏轼同事，彼此感情不错。奈何沈括才学虽高，却喜欢投机，看新党得势，便拍王安石马屁。后来王安石罢相，他又迅速与之划清界限，甚至落井下石，连王安石也说沈括是真小人。

苏轼外放杭州通判时，沈括投机新党得势。有一次，他赴浙江巡察，神宗特意跟他说起苏轼，言苏轼大才，吩咐他去浙江时顺便见见苏轼。

神宗毕竟欣赏苏轼之才，赞叹之情不免溢于言表。沈括到杭州后，果然以老友身份拜访苏轼，并热情赞颂苏轼的才学，认真抄录下苏轼此间所作所有诗文，然后带回京师。但是，沈括在抄录之后还做了一件事，就是用附笺的方式，把他认为是诽谤朝廷的诗句一一加以详细注释并上呈神宗，指出苏轼如何居心叵测，诋毁变法，讽刺圣上，大逆不道。深文周纳之心，着实恐怖。

如今，李定、舒亶等人以《湖州谢上表》为把柄，结合沈括前期准备的“黑材料”，立刻上章弹劾苏轼，称其大逆不道，其罪当诛。神宗闻之大怒，敕命即刻捉拿苏轼入京。北宋历史上第一场著名的文字狱由此产生。

李定命心腹皇甫僎带人速下江南，将苏轼捉拿回京受审。

驸马都尉王诜、秘书省正字王巩得知消息后，冒着巨大的风险通知了苏辙，苏辙又派人速往湖州报信。皇甫僎因途中儿子病发，在润州耽搁了半天，苏辙的消息终于提前一步告知到了苏轼。

不过，苏轼虽然有了心理准备，但皇甫僎领会李定等人意图，到湖州后，处处刁难、威吓苏轼，苏轼家人也都惶恐惊惧之至。

看到妻子王闰之与家人惊慌失措，苏轼反倒讲了个故事安慰他们。

他说从前真宗皇帝在民间访求大儒杨朴出来做官，杨朴不愿意，但依然被人强行护送入京。皇帝见他便问：“我听说你会作诗？”杨朴回答：“臣不会。”他是想掩饰自己的才学，不愿做官。

皇帝又问：“朋友送你时，总有不少赠别之作吧？”杨朴回答：“没有，只有拙荆作了一首。”天子再问：“什么诗？念来听听。”于是，杨仆大声把临行时妻子所写的诗念了出来：“更休落魄贪杯酒，且莫猖狂爱咏诗。今日捉将官里去，这回断送老头皮。”

皇帝闻听大笑，终将杨朴放还。

家人听苏轼如此说，恐惧之情稍得缓解。接着，苏轼笑着对含泪的王闰之说：“你要不学杨朴的妻子，也送我首诗吧。”

王闰之闻听，破涕而笑。

虽是极其不舍，无奈皇甫僎催逼即刻上路，苏轼只得将家人抛下，被拿捕押往京师。

一路溯流北上，苏轼忧心惶惶，不知罪名如何，亦不知是否会牵连友人，他甚至一度欲轻生求解脱。他后来自述说：“过扬子江，便欲自投江中，而吏卒监守不果。”（苏轼《杭州召还乞郡状》）事实上，途中苏轼共有两次欲投江自尽，幸好押解他的吏卒够敬业，看管得紧，终于保留下即将为中国文化史创造出辉煌成就的苏轼。

入京后，苏轼即被押入御史台狱中。秦汉以来，御史地位日重。汉代御史台内更遍植柏树，常有乌鸦栖于树上，故御史台又称“乌台”。所以，苏轼此案又被称为“乌台诗案”。

苏轼一入乌台，“下狱即问五代有无誓书铁券，盖死囚则如此。他罪止问三代”。（朱彧《萍洲可谈》）别的不问，先问有无免死铁券。李定等人用心险恶，抱定主意要把苏轼往死里整。

对于李定等人兴文字狱，苏轼虽有心理准备，但怎么也没有想到会被每日严刑逼问。北宋时期伟大的天文学家苏颂因反对王安石越级提拔李定为太子中允、权监察御史里行，也被下在乌台狱中，牢房恰与苏轼一墙之隔。他后来有诗文回忆苏轼所受刑讯之惨状，令人读之即生忧悯之心。

就在李定、舒亶等人紧锣密鼓罗织罪名之际，牢狱之外，朝野上下对苏轼的营救也在展开。

对苏轼伸出援手、积极营救的主要有三类人。

一种是亲人、友人。

亲人自不待言，苏辙为救兄长，四处奔走，更上书神宗，愿免官以赎兄罪。

友人如司马光，这时被免官在家，本来也是众矢之的，却不避嫌，上书神宗为苏轼辩护。

最让人感动的是已经退休还乡的老宰相张方平，听说苏轼因诗获罪下狱后大动肝火，写了一篇措辞强硬的奏疏上书给神宗。当地官员没有人敢替他递交奏疏，他便命自己的儿子张恕入京去登闻鼓院击鼓鸣冤，以递交奏疏。

张恕没父亲那么硬气，到了登闻鼓院门口，看门禁森严，不觉气馁，终于没敢击鼓呈书。

苏轼出狱后偶然读到张方平的奏疏副本，不觉惊出一身冷汗，既感慨于老宰相的护持之心，又感谢张恕的一时怯懦。因为老宰相的这封上书措辞之强硬，文风之彪悍，如果当时递交神宗，说不定会适得其反，激得神宗动了杀心。张恕的一时怯懦，却救了苏轼一命。

第二种人，是敌人。

在对苏轼伸出援手的人中，最出人意料的是王安石。

王安石是新党的灵魂人物，熙宁变法在历史上又被称为“王安石变法”，可见王安石的影响与地位。这时他虽已罢相，谪居金陵，但鉴于他的地位与影响，他的声音毫无疑问具有相当的分量。

人人以为王安石与苏洵势同水火，与苏轼兄弟更是不对路子，此时就算不落井下石，至少也会保持沉默。哪知远在金陵的王安石闻听苏轼落难，当即上书神宗，直问：“安有圣世而杀才士乎？”

在神宗心中，王安石可以说是他曾经的精神导师。王安石的话言简意赅，对神宗的影响无疑是巨大的。王安石此举真不愧有大政治家的本色。他与苏轼虽然政见不同，为保证改革措施顺利实施，也曾打压苏轼等旧党人物，但他和李定等小人截然不同，他有做人的原则，有士大夫的傲骨与底线。

王安石的弟弟王安礼也是新党重要成员，这时为值舍人院同修起居注官。李定希望他能攻击苏轼，至少不要为苏轼说好话。王安礼觐见神宗，进言道：“自古大度之主，不以言语罪人。轼以才自奋，谓爵位可立取，顾录录如此，其心不能无触望。今一旦致于理，恐后世谓陛下不能容才。”（《宋史·王安礼传》）他劝说神宗皇帝，自古以来气量宽宏的君主，都不会因为言语不合而加害于人。苏轼凭才华奋发上进，却为现实不容，难免会心中不满，笔下牢骚。如果因为这样就把他杀了，担心后世会说神宗不能容人。

神宗听了当即回答他说：“朕固不深谴也，行为卿贳之。卿第去，勿漏言，轼方贾怨于众，恐言者缘以害卿也。”（《宋史·王安礼传》）神宗的意思是，我本来就不会深责他，连你都为他求情，你放心，为你这番话，我也会放了他。你出去之后，不要把这事告诉别人，苏轼刚引起众人的怨恨，我恐怕有人会拿这件事来害你。

这既说明王安礼和他哥哥一样自有气节，同时也说明整件事情极其复杂，连皇帝都有所顾忌。

第三种人，是“路人”，即中立派。

在新党、旧党对立之间，有一班明哲保身的中立派。但此时李定等人的行为，连中立派也看不下去了，比如副宰相吴充。

宋代吕希哲在《吕氏杂记》中记载，吴充对神宗说：“陛下以尧舜为法，薄魏武固宜。然魏武猜忌如此，犹能容祢衡，陛下不能容一苏轼，何也？”就是说，连曹操这样的人都能容得下辱骂自己的祢衡，陛下您为什么容不下一个苏轼呢？

这话说出来甚冒风险，但神宗闻之，不觉心动。

后来太皇太后曹氏染疾，神宗欲赦天下以尽孝心。

宋代陈鹄在《耆旧续闻》中记载说：

> 慈圣光献大渐，上纯孝，欲肆赦。后曰：“不须赦天下凶恶，但放了苏轼足矣！”时子瞻对簿也。后又言：“昔仁宗策贤良归，喜甚，曰：‘吾今又为子孙得太平宰相两人！’盖轼、辙也，而杀之可乎？”上悟，即有黄州之贬。

曹太后伤感地回忆仁宗当年退朝回到后宫，兴奋地告诉自己，为子孙后代选到苏轼、苏辙兄弟这样两个堪为宰相的人才，希望神宗不必为了自己赦免天下罪犯，只要放了苏轼就行。神宗闻之，默然颔首。

不过，最后救苏轼的人，还是苏轼自己。

苏轼长子苏迈随父进京，一则照料，一则在外打听消息。苏轼与苏迈约定，每日往狱中送餐，只送肉食或蔬菜，一旦大事不济，面临必死之局，则送鱼以告之。

苏迈一日远出打点，不能即刻赶回，便委托一个朋友代为送食。这个朋友刚好是苏轼的铁杆粉丝，想着苏轼在狱中受苦，便好心烧了一条鱼想为苏轼补补身体。

苏轼一见餐中有鱼，不禁大惊失色，以为自己面临必死的结局，便写下绝命诗《狱中寄子由》两首。

其一云：

圣主如天万物春，小臣愚暗自亡身。
百年未满先偿债，十口无归更累人。
是处青山可埋骨，他年夜雨独伤神。
与君世世为兄弟，更结来生未了因。

其二云：

柏台霜气夜凄凄，风动琅珰月向低。
梦绕云山心似鹿，魂飞汤火命如鸡。
眼中犀角真吾子，身后牛衣愧老妻。
百岁神游定何处？桐乡知葬浙江西。

狱卒不敢隐瞒，上呈神宗。诗中哀伤之情浓郁，昔日气势全然不见，神宗读出了苏轼的悲痛与伤怀，终于动了恻隐之心。可是，他还要再按自己的方式做最后的求证。

一晚，苏轼正在狱中酣睡，忽然狱门一开，一个年轻人被押了进来。这个年轻人不管苏轼，一声不吭，往墙角一坐。苏轼看他一言不发，想来是新关进来的犯人，也不多言，自管闷头继续睡。睡到半夜，这个年轻人摇醒苏轼，口称："恭喜苏学士！恭喜苏学士！"

苏轼一脸茫然，年轻人也不管他，唤来狱卒，径直开门而去。

第二天，这个被神宗派来"卧底"的小黄门向神宗报告说："苏轼于狱中举止坦然，一夜熟睡，鼾声如雷。"

神宗听后高兴地对旁边的大臣说："我就说苏轼胸中无事，心里没鬼嘛！"

证明了自己的英明之后，神宗终于命令李定等人结案，最终以谤讪朝廷之罪名将苏轼贬为黄州团练副使，本地安置，不得签书公事。

宋代是人类文明中最早的较为典型的文人政治，对知识分子有一种天然的呵护，文官犯罪，即使流放，有时还给一个官名虚职，此曰罪官。

李定等小人虽不情愿，但苏轼如此得人心，也出乎他们的意料。所谓大势不可违，连神宗这时都分外同情苏轼，李定等人也只好作罢结案。

因“乌台诗案”，苏轼好友数十人受到牵连，其中驸马王诜、好友王巩和弟弟苏辙所受牵连最重，张方平、司马光等人也受到罚铜（按：此为宋代一种罚款赎罪的方式）的处罚。

苏轼在狱中苦熬一百三十多天后，终于得以重见天日。

出狱当晚，苏轼这个不可救药的乐天派立刻又写了两首诗。

其中《十二月二十八日，蒙恩责授检校水部员外郎黄州团练副使，复用韵二首》（其一）云：

百日归期恰及春，余年乐事最关身。
出门便旋风吹面，走马联翩鹊啅人。
却对酒杯疑是梦，试拈诗笔已如神。
此灾何必深追咎，窃禄从来岂有因！

苏轼写完掷笔而叹：“江山易改，本性难移！你真是不可救药啊！”

那么，苏轼的“本性”到底是怎样的呢？

从“苏轼”到“东坡”

说起苏轼，历史上有很多我们耳熟能详的评价——乐观、旷达、圆融、超脱……

可这些品性的源头又在哪里呢？

笔者以为是——赤子之心！

或曰：纯粹！

每个人来到世间，本来都有一颗赤子之心。可是在成长的过程中，欲望、情绪、习性，以及生活中各种各样的诱惑，会使我们渐渐丢失原本的纯粹。

当然，这也是成长所不得不付出的代价。但当世人大多都在红尘中迷失了本我的时候，极少数的人还能保有最初的真实与纯粹，我们便称那样的人有“赤子之心”。李煜、苏轼、王阳明、纳兰容若，莫不如此。

李煜与纳兰容若是一类，因亡国、丧妻之痛，把一颗赤子心引向至深的伤感与痴情，故尤能真切感人。

苏轼与王阳明是一类，因人生的大坎坷，把一颗赤子心引向超越，最终升华出更卓绝的自我，从而光照文明的千秋。

明代心学大师王阳明身陷诏狱，大难不死，之后被放逐穷荒，在边远的贵州龙场悟道，终于成就五百年来“第一完人”。苏轼同样因“乌台诗案”身陷囹圄，大难不死，之后被远逐黄州，在僻远之地痛定思痛，最终成就千古一人的“东坡居士”。

苦难是人生最宝贵的财富，由东坡、阳明而观之，诚然如是。

在北宋文人新旧党争的激烈搏杀过程中，“眼前见天下无一个不好人”的苏轼，成了新党处心积虑清算旧党的一个靶子。当然那时的苏轼还不是东坡居士，经“乌台诗案”被贬黄州之后，在命运大起大落之后，那个叫苏子瞻的乐天派才最终成为伟大的东坡居士。

当然，苦难只是契机，能否最终挣脱、超越、升华，还要看每一个人的天赋、素养、心性与积累。

苏轼初到黄州，心中同样只有沉郁悲凉。

元丰三年（1080）二月，苏轼以罪官的身份来到黄州。因他是罪官身份，当地政府并不给他提供食宿，无奈之下，苏轼只能寄居在黄州东南的定惠院中。某夜，他写下著名的《卜算子·黄州定惠院寓居作》。

词云：

缺月挂疏桐，漏断人初静。谁见幽人独往来，缥缈孤鸿影。

惊起却回头，有恨无人省。拣尽寒枝不肯栖，寂寞沙洲冷。

寂寞、孤独、寒冷，除了这些，还有什么？

久居寺院终究不是办法，到了五月，苏轼无奈，带着全家搬往江边被废弃的官府驿所临皋亭。

转眼已是中秋，如此境地，又如何再写出“明月几时有，把酒问青天”的《水调歌头》？于是，来到黄州第一年的中秋，无限窘迫中的苏轼提笔写下一首《西江月》：

世事一场大梦，人生几度秋凉。夜来风叶已鸣廊，看取眉头鬓上。

酒贱常愁客少，月明多被云妨。中秋谁与共孤光，把盏凄然北望。

“秋凉”又有版本写作“新凉”。不论是“秋凉”还是“新凉”，大梦一场的世事此时带给苏轼的终究只剩阵阵凉意。

不光是精神的苦闷，物质生活的艰苦也是苏轼此生从未遇到过的。

因为他是罪官，黄州本质上是他的羁押之地，所以苏轼并无俸禄，也就断了经济来源。加之苏轼生性好客，不善经营，钱财之来，随手辄去，所以也没有多少积蓄。苏轼与妻子商量，全家每日用度不得超过一百五十文，并把钱串挂于房梁之上，谨慎支取。可即便十分节俭，所剩积蓄也难以支撑一年。

苏轼后来有诗说黄州猪肉之贱，但此时连价格极贱的猪肉也不是天天都吃得起。那时长子苏迈年龄已大，次子苏迨与幼子苏过年龄还小，每日吃饭时，乳母在房梁下挂一块腌肉，苏迨、苏过只能“看肉下饭”。苏过最小，常喊“哥哥多看了一眼”，乳母便忙安抚：“多看了？咸死他！齁死他！”

苏轼过得如此窘迫，连当地人也看不过眼。当时一位颇有名望的叫马正卿的读书人，代苏轼向官府申请下城东一片撂荒的旧营地，交给苏轼开垦，以为营生。苏轼大喜过望，放下士大夫的矜持，带领全家整治荒地，躬耕其中，竟觉其乐无穷。

他想起唐代白居易当年被贬忠州时，也特别喜欢忠州城外的东坡，而如今自己便躬耕于黄州东坡之上，于是一时顿悟，遂自号“东坡”。由此一念起，人生境界，咫尺千里。

苏轼在东坡之上，不仅稼穑耕作，在第一场初雪来临之际，还在朋友们的帮助下，带领家人盖起五间房子。因见瑞雪初临，苏轼遂手书“东坡雪堂”榜于门上。从此，“东坡居士”与“东坡雪堂”，成为黄州最厚重的文化基石。

正是在东坡的垄亩之中，在东坡雪堂里，东坡居士的诞生标志着苏轼的人生蜕变。

他先是反思人生，不只是牢狱之灾的因由，还包括此前全部人生岁月的格局、视野、喜好与得失。他在灵魂的深处直面过往的自我，终觉往日之非。

他在《答李端叔书》中说：

木有瘿，石有晕，犀有通，以取妍于人，皆物之病也。

就是说，树有树瘤，石有异纹，人皆以之为美。其实，对于树与石而言，树瘤与异纹都是一种病。而自己以往为表现自我而肆意挥霍的才华，不过就是树瘤与异纹，自以为得意，却流之肤浅，境落下乘。只有放下那些自以为是的浮华，找回自己的本心，才能和自己、和世界达成真正的和解。

所以他以最俗的“东坡”二字为号，所以他不惮士林的讥笑，扛起锄头像个农夫，所以他与野老村夫为友，竟像一个黄州土著一般，一下子融入了黄州百姓的生活。

放得下，才拿得起。从黄州荒僻的尘土里站立起来的东坡居士，将成为一个大写的传奇。

元丰五年（1082）三月七日，苏轼与朋友到黄州东南三十里的沙湖买田，途中遇雨，“同行皆狼狈”，独东坡杖藜徐步，气定神闲，并以为乐，写下千古名篇《定风波》：

> 莫听穿林打叶声，何妨吟啸且徐行。竹杖芒鞋轻胜马，谁怕？一蓑烟雨任平生。
>
> 料峭春风吹酒醒，微冷，山头斜照却相迎。回首向来萧瑟处，归去，也无风雨也无晴。

吟啸徐行，烟雨平生。人到中年，回看向来的萧瑟，已然“也无风雨也无晴”。这是一种怎样的人生境界！

有了如此境界的东坡居士，还在这一年的七月十六和十月十五，与朋友两次泛游黄州赤壁，写下了光照千古的前后《赤壁赋》及《念奴娇·赤壁怀古》。这三篇作品代表了苏东坡在哲学与文学上所达到的崭新高度。

当黄州成就了苏轼的时候，苏轼也成就了黄州。黄州赤壁，虽非赤壁之战的旧址，却因此名满天下，成为人文胜迹。

东坡既然号居士，在黄州参佛理、窥道境、明儒本、悟生活，于儒、释、道各家渐有融会贯通之势。在这个过程中，作为文学家、政治家的苏轼在黄州开始升华为思想家、哲学家苏东坡。

从人生的巅峰跌落至谷底，多数人会沉郁悲愤、一蹶不振，能够超越出来的，便是另起炉灶，重开天地。苏轼在黄州重开天地，朝廷中的奸党小人们却对他并不放心。有一次，竟有人散布谣言，说苏轼从黄州逃走了。

说起来，还要怪苏轼的才名太盛，作品影响太大。起因是苏轼写了一首很有名的《临江仙》：

夜饮东坡醒复醉，归来仿佛三更。家童鼻息已雷鸣。敲门都不应，倚杖听江声。

长恨此身非我有，何时忘却营营。夜阑风静縠纹平。小舟从此逝，江海寄余生。

原来苏东坡晚上和朋友喝了酒，回家的时候已半夜三更。敲门，小童沉睡不应，他只好踱到江边的临皋亭上，就在亭间睡了，早间据此写就此词。

奈何苏轼才学之名太大，这首词作出来，立刻风传天下。奸党中人一看，“小舟从此逝，江海寄余生”，这岂非是畏罪潜逃？忙责问地方，把有监管之责的当地官员也吓了一跳，四处来寻，找到东坡居士时，发现他又在临皋亭上沐浴着江风睡着了。

世人蝇营狗苟，而东坡居士却已超然物外。尽管今后还要面临更多的人生坎坷，但他已完成了从“苏轼”到“东坡”的人生蜕变。

苏轼还曾写过一首很俏皮、很豁达的诗：“无事此静坐，一日似两日。若活七十年，便是百四十。”（苏轼《司命宫杨道士息轩》）在俏皮的话语里，苏大学士要表达的是静的力量。如果可以静下来，时光可以翻倍，生命可以延长，人的品性与品格自然也会在其中得到升华。这一思想脉络，无疑与诸葛亮的那句“非淡泊无以明志，非宁静无以致远”异曲同工，都充满了人生的大智慧。

惠州、儋州：痛并快乐着的圆融之境

在黄州待了五年之后，苏轼又被量移汝州。到了哲宗元祐年间，哲宗年幼继位，高太后临朝听政，一时尽废新法，下旨召旧党众臣还朝。

司马光重新被起用为相，一回朝立刻起用苏轼、苏辙兄弟，苏轼终于东山再起。从元丰八年（1085）六月到元祐元年（1086）八月，在短短的十五个月中，苏轼从一个戴罪的犯官，一跃成为正三品大员，离宰相之职也不过一步之遥。

苏轼、苏辙此间曾同时分别担任翰林学士、知制诰与中书舍人，一个主管内廷的制疏，一个主管外廷的制疏，兄弟二人分掌内外制，一时风光无两。这在整个宋代历史上也是极为罕见的。

可是风光的背后，苏轼却有一肚子的苦水与不合时宜。

一般以为，经历了“乌台诗案”、贬谪黄州的痛苦后，所谓痛定思痛，所谓旷达超越，就是应该在现实中学会明哲保身，不惹是非。可如果这样，其实并不是真正的超越，也根本谈不上人生的境界，而是一种退缩和逃避。在黄州诞生的“东坡居士”，是一个更旷达、更包容的东坡，也是一个更深刻、更本真的东坡。苏轼和他的父亲苏洵一样，一生也没有放弃过兼济天下的儒生根本。

苏轼还朝之后，出人意料，首先竟与有恩于自己的老宰相司马光产生了争论与分歧。

司马光率一众旧党执政，立刻尽逐新党，尽废新法，没有半分商量的余地。这正是北宋文人党争的习气——意气用事，做法偏激。结果党争愈演愈烈，终致一个王朝的元气在文官集团的意气之争与内耗中丧失殆尽。

说到底，北宋的变法与党争，不缺智慧，不缺行动，最缺乏的正是东坡居士那样的旷达、包容与和而不同！

苏轼在地方上磨砺与观察日久，发现募役法等部分新法确实有其利国利民的先进性。他虽身在旧党，且为旧党中的蜀党领袖，却能保持冷静、客观与公正。

他主张就事论事，而非因人废事，保留新法中已实施日久且为百姓所接受的合理部分，因此与主政的司马光反复辩争。司马光固执己见，苏轼甚至气得称其为“司马牛”，言其倔与拗，并不逊于王安石。

除了跟司马光意见分歧，生性风趣幽默的苏东坡与旧党中的洛党领袖道学家程颐的主张更是大异其趣。于是，旧党中以苏轼、苏辙兄弟为首的蜀党，以程颢、程颐兄弟为首的洛党，还有以刘挚为首的朔党，彼此间亦成党争之势。

苏轼不想把精力陷于无休止的党争之中，认为与其在朝口角，不如去地方做些实事，于是元祐四年（1089），他再度请求外放。如他所愿，他又一次来到杭州。

苏轼知杭州，再见西湖，已不是当年那个可以比拟西子的西湖。湖水变质，湖畔淤塞严重。东坡也是个行动派，立刻开展浩大的西湖整治工程。清淤建苏堤，三潭映明月，还西子湖明眸善睐的本色，西湖终于又成为杭州城最美丽的眼睛。

后来，苏轼又知颍州。根据在杭州的经验，他疏浚颍州西湖，至今遗泽后人。

接着，苏轼又知扬州、定州。在知州任上，苏轼为老百姓做了很多实事，官声斐然。

苏轼不求位高爵重，只求“为生民立命”。可这个简单的愿望也即将随着朝廷的人事变动而破灭。

元祐八年（1093），高太后去世，哲宗亲政。次年，改元“绍圣”，意即要继承神宗变法的精神，于是新党再度执政。

绍圣年间，主政的新党宰相是章惇。

章惇是宋史中争议极大的人物。他出身官宦世家，苏州的沧浪亭曾经也不过只是他家的园林一景。章惇大苏轼两岁，两人初入官场时还曾是非常要好的朋友。在“乌台诗案”中，章惇作为新党中坚，还曾帮苏轼说过好话。

王安石极为器重章惇，因为章惇和他是一类人，甚至性格比他还要执拗、偏激。章惇年轻时第一次考中进士，恰好那一年他的族侄章衡高中状元，成绩远胜于他，他就愤然却榜辞京，直到两年后再次考中进士。

这种偏执导致他一方面很硬气，另一方面又心胸狭窄，睚眦必报。

章惇曾经对自己的书法非常自负，号称“墨禅”，每日都要临摹一遍书圣王羲之的《兰亭集序》。苏轼曾笑论说：“工摹临者非自得，章七终不高尔。”（曾敏行《独醒杂志》）章惇族中排行第七，故曰章七。章惇听闻之后，大为羞愧、恼火，奈何书法确实远逊苏轼，便横生了忌恨之心。

元祐年间，以司马光为首的旧党上台执政，尽逐新党，章惇亦在贬谪之列。如今新党上台，章惇执政，咬牙切齿，必欲将当日所受百倍奉还。绍圣之初，便有三十多个旧党官员被贬谪岭南，章惇还一度动了杀心，幸好哲宗还能坚守“本朝不杀士大夫”的底线。对于此时已病逝的司马光，章惇恨不得开棺戮尸。对于曾经的好友苏轼，他同样不打算放过。

在“乌台诗案”时，章惇还反对过文字狱的打击方式，此时为把曾经的好友逼向死地，他居然不惜操起文字狱的屠刀。绍圣元年（1094）四月，以“讥斥先朝”的罪名，将苏轼贬知英州，未至，六月再贬往岭南惠州。

当时岭南多瘴疠之地，贬往岭南是极重的惩罚。当初“乌台诗案”，李定想置苏轼于死地，神宗只不过把他贬到湖北黄州。如今将年近花甲的苏轼贬往岭南，章惇等人心肠之狠，可见一斑。

经历过人生的跌宕起伏，苏轼此时的豁达与超脱，已远超常人。但即便如此，他也觉得此番远谪，恐难生还。于是，他遣散姬妾仆从，命长子苏迈带家人在常州、宜兴一带安居，打算只带小儿子苏过前往惠州，可平生知己王朝云誓死相从。后来朝云不幸病死惠州，成为苏轼晚年心头最大的伤痛。

苏轼在惠州，生活之艰苦，更甚于黄州。然而，他却能始终如一地苦中作乐，且甘之如饴。

惠州穷困，人烟稀少，集市中全城每日只杀一只羊。羊肉被达官富户分去，苏轼只能跟屠户商量，隔一两日弄些没人要的羊脊骨回来，放在锅里反复煮，然后用牙签剔骨缝中的肉来吃。苏轼还写信向弟弟苏辙夸耀，说这是用吃螃蟹法吃羊肉，别有一番滋味和乐趣。

这种心境，在他的一篇名作中表现得更为充分。

文章说他有一次去爬山，爬到半山腰，已觉疲惫，不得不停下来歇息。他仰望着山顶的松风亭，感慨自己的体力竟难以爬上去。刚觉沮丧，忽转念一想——“此间有甚么歇不得处？由是如挂钩之鱼，忽得解脱。”（苏轼《记游松风亭》）

是啊，人生最重要的事情，首先是与自我达成和解，其次才能和世界达成和解。

苏轼的从容淡泊、随遇而安，是他此时向内开拓自我精神世界，并以此消弭生活苦难的智慧之法。

淡泊从容，却并不自封、自闭。苏轼用他丰富的生活智慧帮助当地百姓设计、完成了广东历史上最早的山泉自来水系统，解决了百姓饮水的难题。

惠州城西有丰湖，东坡甚爱之，称之为西湖。他用自己在杭州、颍州治理西湖的经验，在当地官员的支持下，带领百姓疏浚、建堤，使其面貌焕然一新，至今仍是惠州的风景胜迹。当地百姓为了感激、纪念东坡居士，从此便把丰湖称为惠州西湖。

有与自我、与世界的和解，还有当地百姓的深切爱戴，苏轼在惠州的“苦日子”过得有滋有味。在这里，他写下著名的《惠州一绝》：

罗浮山下四时春，卢橘杨梅次第新。
日啖荔枝三百颗，不辞长作岭南人。

结果因苏东坡诗名太盛，每一新作出，立刻天下传诵，身处穷荒僻远之地亦不例外。远在京城的章惇看到之后，不由得无名火起——让你去受苦、去懊悔、去自怨自艾，你倒好，竟敢过得如此滋润，实在可恼可恨！

手握权柄的专政者愈发歇斯底里，任人宰割的东坡先生却云淡风轻。超越的格局，笃定的智慧，还有淡定从容的姿态，正是对暴政最好的蔑视与还击！

章惇狠下心来，既然惠州困不死你，那就再贬！再荒！再远！南宋曾季狸《艇斋诗话》中记载说："章子厚见之，遂再贬儋耳，以为安稳，故再迁也。"就是说，章惇看了东坡的诗，觉得他太逍遥了，索性再把他贬到海南岛的儋州。

把苏轼贬到海南儋州的理由，即可看出章惇心态的扭曲。他说你苏轼字子瞻，瞻与儋都有个詹，你就到儋州去吧。苏辙也跟着倒了霉。章惇说苏辙字子由，由和雷字下面的田长得比较像，你就贬到与海南岛隔海相望的雷州去吧。看你们还如何快活！

绍圣四年（1097），年已六十二岁的苏轼再被贬往海南儋州。

在宋代，放逐海南是仅比满门抄斩低一等的处罚。"苏门四学士"之首的黄庭坚就说："时宰欲杀之！"点出了章惇的险恶用心。

苏轼知此番必无生还之理，便欲独身前往。幼子苏过至孝，坚决要陪父亲登岛照料。父子俩渡海登岛，开始书写人生最荒凉的传奇。

海南儋州，那时根本是未开化的蛮荒之地。东坡到此绝境，居然举重若轻地说——

"我本海南民，寄生西蜀州。"意思是我前世一定是海南儋州人，不过寄生在四川眉山罢了。如今，回到前世的故乡，归去来兮，适得其所！

一个人有了这样的心态，已臻无敌！

所以，在所有人都认为苏轼再也熬不下去的时候，他却奇迹般地熬过来了。不仅依然在极艰苦的物质环境里自得其乐，还首开海南岛之教化。当地百姓至今还认为东坡先生是海南文化的奠基者。

什么也打不倒他，什么也击不垮他！打击、报复、艰难、困苦，穷荒蛮死之地的瘴疠和湿毒、人心深处魑魅魍魉的险恶与歹毒……所有的这一切，都被苏轼轻松超越，并将他人无可承受的苦难消弭于无形。

在整个中国文化史上，像苏轼这样的生命个体堪称绝无仅有。他的生命历程，几乎穷尽了生命之纯粹、坚忍、达观、温暖。他一生的深度和广度都几乎抵达了生命的极限。而这一切，就是苦难的黄州、惠州、儋州岁月所造就的"平生功业"。

"问汝平生功业，黄州惠州儋州！"

诚哉斯言。

宋徽宗元符三年（1100）四月，身在海南儋州的苏轼遇赦北返。次年七月二十八日，卒于江苏常州，终年六十六岁。

万古人间四月天

当我们回望苏轼生命中的三个女子，不禁会想起林徽因的那首《你是人间的四月天》："你是爱，是暖，是希望，你是人间的四月天！"

对于苏轼来说，或者可以说，王弗是希望，王闰之是暖，王朝云是爱！而东坡居士就永远生活在他的"人间四月天"！

山豈霜餘之不任所西老
人者游戲於其間悟此世
之泡幻藏千里於一班
素業之有餘納芥子甚
何猥宜賢王之達觀寄
逸想於人寰嫋〻兮春風
澤而与俱還糅以二米之禾

一个人的三万棵树

我们一般称苏轼为苏东坡，因为他自号东坡居士。可是“东坡”二字确实太过通俗，在东坡居士之前，若有人叫张西坡、刘北坡、王南坡，世人会觉得这样的名号实在俗不可耐。

平心而论，“东坡”二字确实通俗，但也特别接地气。

前文有述，因为苏轼被贬黄州（今湖北黄冈）的时候，在黄州城外东面山坡上开垦了一片荒地，又因为白居易的诗句“何处殷勤重回首，东坡桃李种新成”，所以就自号“东坡”了。

那么，苏轼干过最多的农活是什么呢？

是种树！他曾经带着仆人连续在一面山坡上种了三万棵雪松！

苏东坡为什么要种那么多树呢？原因你恐怕很难想到，他竟然是为了一个女人种了这么一大片的雪松！

提到这个女子，就不得不提到那首被称为“千古第一悼亡词”的名作《江城子·乙卯正月二十日夜记梦》。这是很多人都很喜欢的一首词，连金庸先生笔下的半文盲杨过都很喜欢它。

金庸先生的《神雕侠侣》里说，杨过一生潜心武学，对文学一道全然不通，之所以认得两个字，还是小时候在桃花岛上黄蓉教他读《诗经》《论语》时认得的。而杨过在后来浪迹天涯的过程中，在一家路边小酒店的墙壁上偶然读到这首词，“一读之下便也牢牢记住”。

这说明了什么？说明这首词一来特别易懂，二来特别感人，所以杨过没读过什么书却也能牢牢记住，才被后人评为“千古第一悼亡词”。

词云：

十年生死两茫茫，不思量，自难忘。千里孤坟，无处话凄凉。纵使相逢应不识，尘满面，鬓如霜。

夜来幽梦忽还乡，小轩窗，正梳妆。相顾无言，惟有泪千行。料得年年断肠处，明月夜，短松冈。

这首词作于宋神宗熙宁八年（1075），当时苏轼被贬山东密州任知州。苏轼写这首词的时候，除词牌外，所用标题的核心其实只有两个字——“记梦”。也就是说，整首词不过写的是一个梦而已。

那么，他到底做了一个怎样的梦呢？

词里说他梦到一个女子，在窗边梳妆，而自己与她默然相对，泪流满面。这其中既有相逢的浪漫，又有无奈于命运的悲伤，所以梦醒后，苏轼才说这样的情景足以让他“年年断肠”。

这个让苏轼断肠的女子就是他的第一任妻子——王弗。

正是在词中所说的“千里孤坟”旁，也就是王弗坟墓所在的山坡旁，苏轼亲手种下了三万棵雪松，以此来纪念自己的亡妻，可见苏轼与王弗的感情之深。

但是，这首《江城子》中还有一个小小的谜团，那就是苏轼既然渴望与亡妻相会，怎么又会说“纵使相逢应不识”呢?

有人认为“纵使相逢应不识”应该是一句大白话，是说，恐怕我们见了面，你也认不得我了。既然是这样，为什么后来又说“相顾无言，惟有泪千行”呢？难道是因为王弗认不出站在对面的苏轼，才让东坡先生伤心到“泪千行”的地步吗?这样的话，未免太过荒唐可笑。

真正的解答应该是，词的标题虽然是“记梦”，但词中真正记梦的部分只有下阕，上阕说的并不是梦，而是苏轼这十年间的心态。

这是一种什么样的心态呢?

在“纵使相逢应不识”的前面，苏轼说“不思量，自难忘”。也就是说不去想却已刻刻难忘，说明这种意识已经成了一种刻骨铭心的存在，用心理学词汇来表达，也就是成了一种自觉的潜意识。随后的“纵使相逢应不识”的感觉也应该是这样的。那么，苏东坡为什么会产生这种不被王弗认识的直觉呢?

其实，苏轼自己在词中也给出了一个答案，那就是“尘满面，鬓如霜”。

一般的解读只停留在字面意义上，认为是尘土满面、星鬓如霜让苏轼自觉难以面对亡妻。也就是苏轼觉得，即使这时妻子王弗真的再看到自己，也会认不出年华老去的自己了。但苏轼为什么会这么想呢?这是不是只是一般人的年华老去之感呢?

我们知道，王弗十六岁时嫁给苏轼，去世时年仅二十七岁。她与苏轼结婚的这十年，正是苏轼一生中最锐意进取，也最春风得意的十年。这十年里，苏轼与苏辙高中进士，名满天下，被授官职，真可谓“春风得意马蹄疾”。

可自从王弗死去到苏轼写下这首《江城子》的十年间，苏轼卷入由熙宁变法引发的新旧党争。新党得势后，苏轼由于反对新政，被新党排挤，王安石更视苏轼为反对派领袖司马光的心腹智囊，所以新党必欲去之而后快。最具讽刺意味的是，等到后来司马光主政时，苏轼因主张保留变法中的可取之处，又被旧党攻击，乃至与司马光产生分歧。这就可以看出苏轼的政治操守，不是一味随波逐流。但这样一来，不论新党得势还是旧党得势，执着于自己的理想与坚持个人主张、不趋炎附势的苏轼都很倒霉。十年以来，曾经怀揣远大理想、以高昂的姿态踏入仕途的苏轼，在政治上经受的最多的事就是被打击、被贬官、被边缘化，此真可谓宦海沉浮。

此后的数十年，苏轼也一直没能摆脱这种仕途上的险恶命运，就在他写完这首《江城子》后的第四年，爆发了宋代历史上著名的“乌台诗案”，苏轼锒铛入狱，差点儿性命不保。所以这时候的苏轼，历尽人世沧桑变化，对年轻时的政治理想即使不是心灰意冷，也在心态上产生了重大的改变。但也正是这种改变，使得一个文化史上的巨人而不是政治史上的巨人开始脱颖而出。

所以，此处的“尘满面，鬓如霜”要和前面的两个字合起来读，那就是“十年生死两茫茫”的“茫茫”，不只是生死间的茫茫隔世，也是人生旅程的“路漫漫、夜茫茫”。正是这种对人生政治理想的茫茫之感，让苏轼将心血与精力放到人文生活的层面上来，放到诗词歌赋上来，放到美食、饮酒、品茶上来，放到养生上来，放到男女情感上来。以苏东坡的才学与天赋，当他把全副精力放到文学艺术上来的时候，有宋一代就幸运地诞生了一个前无古人、后无来者的文化巨匠。

理解了这种情绪，我们就会理解苏轼为什么会在这段时期特别思念亡妻王弗。

要知道，苏轼写这首《江城子》的时候，妻子是王闰之，也就是王弗的堂妹，一个极贤淑的女子，也是当时有名的贤妻良母。她病逝的时候，苏轼自称“泪尽目干”，也就是眼睛差点儿要哭瞎。两个人的感情一直是相当深的，所以不可能是因为他们夫妻关系不合，苏轼才格外思念亡妻的。

还要知道，苏轼写《江城子》的时候，他生命中的第三个女子，也可以说是他一生最钟爱的女子王朝云已经来到他的身边。朝云十二岁遇到苏轼，得到苏轼的赏识并被收为侍女，后来王闰之劝苏轼纳她为妾，她最终成了与苏轼一生共患难、深知情的女子。也就是说，此时的苏轼也并非缺乏情感上的慰藉。那么，他为什么会在初到密州任上特别地思念王弗呢？

这就要说到他和王弗这段婚姻的独特之处了。

王弗的父亲王方是四川的一个乡贡士，在古代也算是个知识分子。王弗自幼就知书达礼，我们不知道王弗的才学到底怎么样，但肯定也非同一般。苏轼曾在文章里记载，说有一次自己夜里读书的时候，被旁边“红袖添香伴读书”的王弗指出了一个错误，这让一肚子学问的苏轼大为佩服。试想，要指出苏轼读书中的错误，靠一般的知识积累肯定是不够的，所以王弗的才学肯定不一般。

王弗不仅天天陪着丈夫读书学习，做一对爱学习、有文化的模范夫妻，还对丈夫的仕途也很操心。史书记载王弗有一个爱好，就是苏轼做官之后，家中凡有苏轼的同僚、下属来拜访，苏轼在前厅接待、攀谈，王弗就在帘子后面悄悄地听。等客人走了之后，王弗就凭自己女性特有的直觉，为丈夫分析谈话的内容与谈话的人，苏轼往往大受裨益。苏轼在《亡妻王氏墓志铭》中说：

> 轼与客言于外，君立屏间听之，退必反覆其言，曰："某人也，言辄持两端，惟子意之所向，子何用与是人言。"有来求与轼亲厚甚者，君曰："恐不能久，其与人锐，其去人必速。"已而果然。

一个足不出户的女子拥有如此精准的分析、预见与判断，对天性疏朗放旷的苏轼来说，真可谓贤内助了。苏轼的父亲苏洵也很欣赏这个儿媳，王弗死的时候，苏洵要苏轼把王弗送回四川故乡，与苏轼的母亲，也就是王弗的婆婆程氏安葬在一起。可见这个儿媳在苏洵的眼中是多么称职。

但是，苏轼作为一个男人，会喜欢一个在帘子后面听自己跟同事谈话的妻子吗？碰上这样的情况，中国的大多数男人应该是不太情愿的，这要让同事和朋友们知道，一定得笑这男人是“妻管严”。但放在苏轼身上则不然。

其实，王弗只是帮着苏轼出主意，并不是什么事儿都管着他。苏轼是个天性豁达、不拘小节的人，也就是说是个心机不深的人，所以在仕途上才屡屡受挫。而这样一个关心其仕途命运的妻子，从某种意义上说，她的出谋划策，倒是希望能在政治上有番作为的男人的好依靠。

另外，这样一个在仕途上全力支持自己的知识女性也更容易被苏轼所接受。因为苏轼最崇敬的母亲程氏，恰好也是一个这样的知识女性。

前此有云，苏轼十岁的时候，读到《后汉书》中的《范滂传》，就问程氏，如果他以后以忠直的范滂为人生榜样，母亲会同意吗？

由此可见，苏轼十岁的时候就有舍身赴义的理想，这对于一个孩子来说绝对是不容易的。但更不容易的是，程氏听了这话后放下书毅然决然地回答——如果你能成为范滂那样的人，我就不能成为范母那样的人吗？

这件事对年幼的苏轼影响很大。从某种角度上说，程氏的这种人格魅力与知性气质，毫无疑问会给苏轼留下极为深刻的印象。按照弗洛伊德的观点，男人普遍对与自己的母亲性格与气质接近的女性有好感。而王弗恰恰与苏轼的母亲程氏颇有几分神似，毫无疑问也是苏轼最理想的伴侣。

所以，苏轼才会由衷地说王弗是自己的贤内助，才会按父亲说的，在王弗逝世一年之后又将王弗的棺椁运回四川，葬在自己母亲的墓旁。因此，从儒家思想的角度来看，苏轼与王弗的婚姻就是儒家知识分子最理想的“修身、齐家、治国、平天下”中的“齐家”模式。从这个意义上讲，在仕途上历尽“路漫漫、夜茫茫”的苏轼，在政治信仰与文化信仰面临拐点时最为痛切地思念起王弗，也就是情理之中的事了。

贫贱夫妻百事哀

在王弗这个贤内助死后，王弗的堂妹王闰之嫁给了自己暗恋多年的堂姐夫苏轼。这也是王弗临终之时最后的嘱托。王闰之出嫁之前，家中称其“二十七娘”。她性格温和，知足惜福，是个绝对的贤妻良母。虽然她在才学上不如她的堂姐，在艺术才情上也不如后来的王朝云，却是苏轼生命中最懂得嘘寒问暖的人。

她无微不至地关怀苏轼，关怀三个她亲生和不是她亲生的孩子，这一切都让苏轼很感动。元祐八年（1093），苏轼在为王闰之写的祭文中说：“妇职既修，母仪甚敦。三子如一，爱出于天。”（苏轼《祭亡妻同安郡君文》）在王闰之过生日之际，苏轼放生鱼为她资福，并作《蝶恋花》纪事。词中“三个明珠，膝上王文度”，便是赞美她对三个儿子都一视同仁，疼爱不分彼此。

元稹怀念妻子韦丛的时候说“贫贱夫妻百事哀”，王闰之的一生大多数时间都在随苏轼贬官流放，也是伴随苏轼时间最长，而且是苏轼生活最为动荡时期的主妇。她和苏轼一起采摘野菜，赤脚耕田，所以她和苏轼应该是一对最纯真、质朴的“贫贱夫妻”。

苏轼刚到密州当太守时，天下大旱，蝗灾四起，百姓饥馑，民不聊生。苏轼到任即投身灭蝗，扶危济困，每日都到了身心交瘁的地步。

回到家里，苏轼心情郁闷，而孩子却在面前哭闹。苏轼要发火时，性格柔顺贤惠的王闰之就劝导苏轼说：“你怎么比小孩还任性？为什么不开心点儿呢？”苏轼听后感愧不已。随后，王闰之又洗好酒杯放在他面前。这件事被苏轼写进了诗里。

苏轼有首《小儿》诗，就记载了这一幕：

小儿不识愁，起坐牵我衣。
我欲嗔小儿，老妻劝儿痴。
儿痴君更甚，不乐愁何为？
还坐愧此言，洗盏当我前。
大胜刘伶妇，区区为酒钱。

这里的小儿是王闰之所生的苏过，当时仅四岁。王闰之既有对丈夫的关心，又有对儿子的呵护，她给丈夫洗净杯盏，沏上新茶，或斟上美酒，用融融暖意让丈夫感受家庭的温馨。

王闰之比苏轼小十一岁，但是，在二人的相处中，苏轼却常常以“老妻”称呼王闰之。这个“老”字，可以说包含了一种相濡以沫的恩爱之情，也有一种亲密无间的亲昵。在因“乌台诗案”被捕入狱后，苏轼在绝命诗中牵挂的除了弟弟苏辙，就是王闰之：“额中犀角真君子，身后牛衣愧老妻。”对于王闰之的情感不言而喻。

苏轼才华横溢，性情耿直，人生充满坎坷动荡。王闰之既要操持家务，养育孩子，还要照顾一家老小。

苏轼被贬黄州时，生活尤为困苦。王闰之把他的收入分三十串挂在梁上，一天用一串。若哪天的没花完，就放在大竹筒里，攒起来给苏轼买酒。一天，突然来客，客人自带了鱼，苏东坡正在发愁没酒，而精打细算的王闰之竟然搬出一坛酒来，说是她特地备着为苏东坡不时之需。在黄州苦涩艰辛的岁月中，有妻如此，对苏轼来说确是一种大安慰。

对此，苏轼在著名的《后赤壁赋》中说：

是岁十月之望，步自雪堂，将归于临皋。二客从予，过黄泥之坂。霜露既降，木叶尽脱。人影在地，仰见明月。顾而乐之，行歌相答。已而叹曰：“有客无酒，有酒无肴，月白风清，如此良夜何？”客曰：“今者薄暮，举网得鱼，巨口细鳞，状如松江之鲈。顾安所得酒乎？”归而谋诸妇。妇曰：“我有

斗酒，藏之久矣，以待子不时之需。”于是携酒与鱼，复游于赤壁之下。

正是王闰之的体贴与周到，为苏轼夜游赤壁提供了不可缺少的助兴之物。

在与当时还是朋友的章惇的一封书信中，苏轼还记录了另一个难忘的场景：“昨日一牛病几死。牛医不识其状，而老妻识之，曰：‘此牛发豆斑疮也，法当以青蒿粥啖之。’用其言而效。”（苏轼《与章子厚书》）王闰之的干练在此得到了传神的再现。

可以说，在黄州的艰苦岁月，正是王闰之的体贴、周到、能干，帮助苏轼度过了生活及心理的危机，因而苏轼才有“子还可责同元亮，妻却差贤胜敬通”（苏轼《次韵和王巩六首》之五）的由衷称赞。

苏轼晚年，曾经萌生了回归田园的想法。但究竟是回眉山老家，还是在江南定居，苏轼是犹豫的。元祐七年（1092）二月，东坡由颍州移知扬州，他的学生晁补之为扬州通判，以诗来迎。他在《次韵和晁无咎学士相迎》里说：“且须还家与妇计，我本归路连西南。”就是说，这种大事必须征得王闰之的同意，可见王闰之在他心目中的地位。

元祐八年（1093）八月一日，王闰之染病去世。这对已经五十八岁的苏轼来说又是一个沉痛的打击。

面对先己而去的闰之，苏轼万分悲痛地写下《祭亡妻同安郡君文》。他在文中说道："惟有同穴，尚蹈此言。"就是说，我们无法一同回到那熟悉的故乡眉山，只有死后合葬，才能实现我们的诺言，显露了深藏在内心深处的依恋之情。

苏轼死后，苏辙将他与王闰之合葬，实现了祭文中"惟有同穴"的愿望。苏辙还特地写了两篇祭文——《祭亡嫂王氏文》《再祭亡嫂王氏文》，对王闰之给予了极高的评价。

当然，严格地说，虽然苏轼与王闰之感情很深，但王闰之并不是一个完全理解苏轼的人，她是他的贤妻，却并不是他的知音。

一个最典型的例子就是在"乌台诗案"爆发时，苏轼被捕进京，面对御史台凶神恶煞的搜检，王闰之因为害怕，把家中苏轼的诗稿付之一炬，这不能不说是一件特别遗憾的事。

也正因为如此，当真正的知音来到身边时，苏轼就表现得特别钟爱，特别珍惜。这个知音就是苏轼最后深爱的女子——王朝云。

唯有朝云能识我

既然苏轼与王弗的婚姻如此理想，我们为什么又说王朝云才是他一生最钟爱的女子呢？请注意，我们用的是“钟爱”这个词，而苏轼对王弗的感情更多的则是“敬爱”。

就年龄而言，王朝云来到苏轼身边的时候才十二岁，而此时苏轼已经三十九岁了，两个人之间会产生所谓的爱情吗？

我们当然不否认人与人之间有“忘年交”，同样男女之间也可以有“忘年恋”，但王朝云这时候的年龄毕竟太小了。就算古人结婚时间早，恋爱的岁数也比较小，但再小也不应该小到十二岁这个年龄。苏轼一开始将朝云带回家中，无疑是看中了她的艺术气质与艺术才华，应该还不存在男女之间的那种情愫。可以这么说，苏轼与朝云开始在一起的那些日子纯粹是一种自然而然的“生活态”，是不带有半分“功利性”的。

从某种意义上说，苏轼将身为歌女的朝云带回家中，教她读书写字，教她音乐舞蹈，教她诗词歌赋，他们之间是以师生的身份开始这段旷世情缘的。也正因为这样，这段情产生之后就显得特别浓郁，苏轼对朝云的怜爱与朝云对苏轼的崇拜都加重了这份浓郁。这份情发展到极致，就是当事人产生了强烈的“知音”与“知己”之感。

据宋代费衮的《梁溪漫志》记载，天性豁达的苏轼虽然在朝廷里受了一肚子的气，但他却喜欢以一种有趣的方式来宣泄。

一天回到家后，他拍着自己的肚皮问家中的侍女：“你们猜这里面是什么？”

一个丫鬟想也不想就说当然是中午刚吃的饭呗，苏轼摇摇头。另一个聪明的丫鬟说，一定是满腹文章，苏轼又笑着摇摇头。又有一个丫鬟说，这还不简单，苏大学士满腹都是聪明才智，难道还能是一肚子草？苏轼听了哈哈大笑，却依然摇摇头。

答案都不对，大家面面相觑。苏轼看向一直没有说话的朝云，朝云笑了一下，却叹口气道：“这里头啊，是一肚子的不合时宜！”苏轼听了放声大笑，说道：“知我者朝云也！”

黄州期间，朝云产下一子，小名干儿。苏轼高兴不已，因作《洗儿戏作》诗。

诗云：

人皆养子望聪明，我被聪明误一生。
惟愿孩儿愚且鲁，无灾无难到公卿。

诗中说，每个人都希望自己的孩子头脑聪明。但聪明有什么好处呢？我就是被聪明误了一生。我只希望自己的儿子愚笨鲁钝，一生没有灾难，也没有祸患，能够平平安安地做到公卿。

苏轼饱读史书，深谙历史上屡屡有装糊涂而保全身的先例。比如，春秋时代的卫国大夫宁武子，历经卫文公到卫成公两朝，一生无虞。孔子一语道破个中原委："宁武子，邦有道则知，邦无道则愚。其知可及也，其愚不可及也。"（《论语·公冶长》）意思是说，宁武子在国家有道时，就显得聪明；当国家无道时，他就装糊涂。他的那种聪明别人可以学得到，他的那种装糊涂别人就做不到了。

苏轼在这首诗中，希望自己的幼子愚钝，其实既是为疼爱的儿子设计的一种人生策略，更是对自己过于锋芒毕露，容易成为众矢之的人生的反思。

苏轼在《洗儿戏作》诗中虽然如此戏谑，但他骨子中的不合时宜却未曾少过一分。也正因为如此，对苏轼来说，与朝云的心心相印才显得格外意义重大。

后来被贬惠州之时，苏轼遣散家人，尤其是把家中侍女姬妾都另作安顿。朝云这时候已经是苏轼的妾了，别人都散去，可她却执意要跟着东坡先生去天涯海角，无论如何都不肯离开。后来，苏轼的学生秦观仰慕朝云的深义，将自己最心爱的小妾取名朝华，而在秦观被贬之时，朝华也像朝云一样欲生死相随。

等到了广东惠州，苏轼与朝云终于安顿了下来。朝云又唱起了苏轼所写的，也是她特别喜欢的一首《蝶恋花》。

词云：

花褪残红青杏小，燕子飞时，绿水人家绕。枝上柳绵吹又少，天涯何处无芳草。

墙里秋千墙外道，墙外行人，墙里佳人笑。笑渐不闻声渐悄，多情却被无情恼。

据《词林记事》卷五引《林下词谈》记载，朝云唱到一半的时候，“歌喉将啭，泪满衣襟”，苏轼问她怎么了，朝云回答说：“奴所不能歌，是‘枝上柳绵吹又少，天涯何处无芳草’也。”原来，是“天涯何处无芳草”这句让朝云泪满衣襟，唱不下去。据说不久以后朝云就病死了，而苏东坡终其一生，再也不听这首词。

很多人读这首词的时候，一般读出来的都是一种豁达甚至有些欢快的情调。你看，墙里的秋千上有佳人的笑声，墙外的有心人虽然空留遗憾，但终究有着“天涯何处无芳草”的洒脱。尤其是“天涯何处无芳草”，那种洒脱的境界被大多数人所接受，所认可，已经成为我们生活中一句常用的俗语了。这么洒脱的一句话，怎么却让朝云泪满衣襟，甚至难以为继？

而苏轼又为什么将其视为人间绝唱，再也不听这首词了呢？

这就要说到“天涯何处无芳草”这句词里所用的典故了。

这句话化自屈原的《离骚》，所谓“何所独无芳草兮，尔何怀乎故宇”，是屈原在宽慰自己说，天下到处都有香草，你又何必只怀念着故国。我们知道，香草美人在《离骚》中是一种暗喻、一种象征，是说人生的理想既然在自己的国家不能实现，你还可以离开故国呀！但屈原这样说，是为了反衬自己离不开祖国，离不开自己的理想与事业。既离不开又这样说，才分外能表达出其中的无奈与痛苦。

苏轼这句话既然是借用屈原的诗意而来，其中的情绪就可想而知了——那并不是我们一般感觉到的旷达与洒脱，而应该蕴含着一种深切的悲痛。

这层意思没有人读得出来，可朝云读出来了。只有朝云能体会到，在严酷的现实面前，苏轼只是一个墙外失意的匆匆过客罢了，所以她为之泪下。

苏轼当时的反应是笑着宽慰朝云说：“是吾正悲秋，而汝又伤春矣！”意思是说，我的仕途固然有诸多遗憾，但是，我的情感生活因为有了你不是很丰富吗？你又何必伤感呢？我能在这天涯海角听你唱《蝶恋花》就感到幸福满满了，其他的苦痛又算得了什么呢?

可朝云死后，爱好诗词的苏大学士“终身不复听此词”，可见苏轼当时面对朝云的落泪好像表现得很豁达，实际上他是被朝云的知己之情深深感动。这种感动在当时表现为克制与洒脱，在过后却成为苏轼心中一处永远温暖却又伤痛的存在。换句通俗的话说，朝云是唯一懂得苏轼的人，而苏轼对朝云对他的懂得又产生了巨大的悲悯。李商隐所谓“心有灵犀一点通”，说的也就是他们二人的境界吧。

从这个典型场景中，我们也就可以理解为什么说朝云才是苏东坡一生的最爱。当生死茫茫、尘世茫茫皆成过眼烟云，对于苏轼这样一个文化的巨匠、艺术的魂灵来说，只有最真、最纯、最清澈的情感，才是他最后的安慰。

绍圣三年（1096），朝云病逝于惠州。苏轼亲手把朝云葬在惠州栖禅寺大圣塔下，因朝云临终前背诵《金刚经》“一切有为法，如梦幻泡影，如露亦如电”，又为朝云墓址所在的惠州西湖建“六如亭”以表纪念，并亲笔书写一副对联。

联曰：

> 不合时宜，惟有朝云能识我；
> 独弹古调，每逢暮雨倍思卿。

这里说“惟有朝云能识我”，就是将朝云引为平生唯一的知音了。也就是说在苏轼看来，连那个与他“但愿人长久，千里共婵娟”的感情深厚的弟弟苏辙，在“懂你”与“懂我”这一点上，也是不及王朝云的。

朝云逝后，苏轼对朝云的怀念日日积聚心头。他每晚都会梦到朝云，看到她衣衫尽湿，便在梦里问她缘故，她说夜夜要渡湖回家，才把衣衫弄湿。苏轼醒后大为不忍，于是在惠州西湖筑堤，以便朝云梦里回家，后人将其称作苏公堤。

朝云入葬后第三天，惠州突然起了暴风骤雨。第二天清晨苏轼来扫墓，发现墓的东南侧有五个巨人的脚印，于是心怀感念，再设道场为之祭奠。他还为朝云在惠州西湖边遍植蜡梅，并写下著名的《西江月•梅花》，一句“高情已逐晓云空，不与梨花同梦”，把朝云的冰清玉洁永远定格在时光的深情婉转之中。

最包容的朋友圈

我们知道，宋人普遍认为苏东坡是整个宋代最有人格魅力的一个人。为什么这么说呢？因为他是一个最具有博爱精神的人。事实上，不仅宋人如此认为，宋代以来千年的历史中，每一代人都这么认为。

南宋高文虎在《蓼花洲闲录》中记载说：

苏子瞻泛爱天下士，无贤不肖，欢如也。尝言：“上可陪玉皇大帝，下可陪卑田院乞儿。”子由晦默少许可，尝戒子瞻择友，子瞻曰：“眼前见天下无一个不好人，此乃一病。”

卑田院就是那时候的救济院。这则逸事说的是，苏轼曾经自我评价，自己既可以陪玉皇大帝闲谈，也可以和卑田院的乞儿一起聊天。这既可见苏轼交游之广，亦可见其心之友善。弟弟苏辙曾经劝他交朋友时有所选择，而苏轼却说，在我眼中，天底下

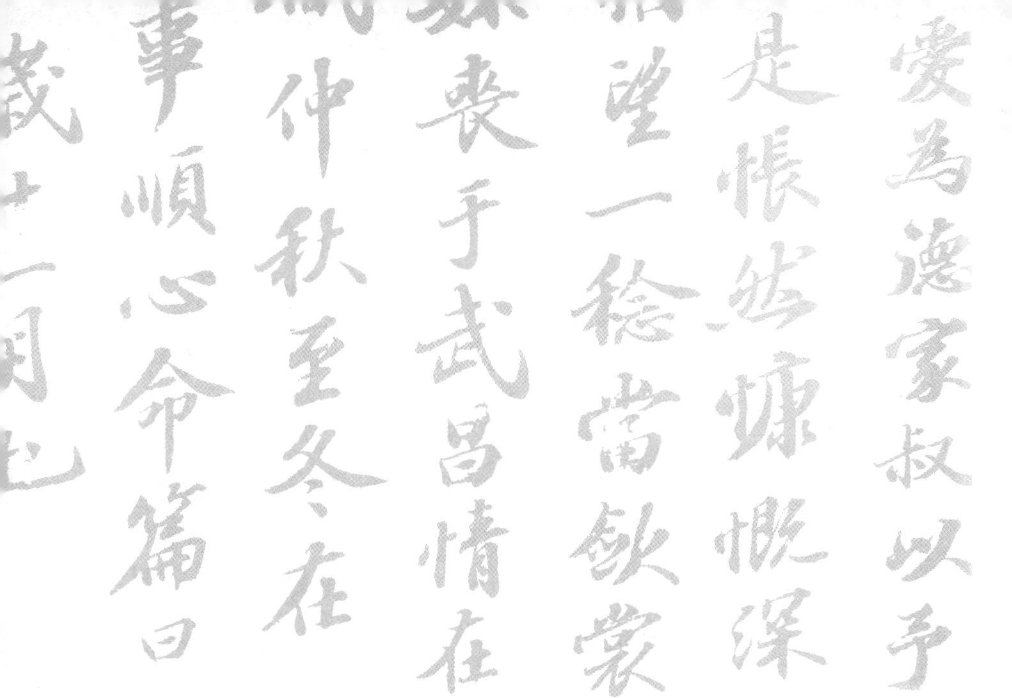

没有什么人是不好的人啊。

苏辙性格内向，在交友上是非常谨慎的，所以劝他哥哥择交宜严。而苏轼的妻子王弗，讲到识人之明，也劝丈夫择友宜慎。但是在苏轼看来，天底下却统统都是好人。其实他并非没有意识到人心险恶，但他自始至终都是“心如明镜台”，没有染上俗世中的尘埃和算计。因此他虽然也自嘲说“这是我的一个大毛病”，但他的确对天下所有人都不存防范之心，不论是贤人还是愚人，都可以促膝长谈。

实际上，“天下无一个不好人”不是解放了天下人，而是解放了苏轼自己那一颗万丈红尘里的赤子之心。他心中的那种博爱，放之四海都有呼应。你爱别人，别人也会爱你。所以苏轼的朋友是真的遍天下。

如果以今天流行的朋友圈概念来看，苏轼的朋友圈是当时最包容的朋友圈。苏轼的交友之道，可以让我们看到人性中最辉煌、最灿烂的地方。

师长之交

苏轼有许多师长，他们都很器重苏轼。本来，他就是少年英才，当初张方平主政四川时，一见苏轼，便许为国士。结果苏轼乡试免考，直接被推荐参加全国的礼部省试。

“乌台诗案”发生之后，张方平十分着急，想方设法奔走营救。

北宋马永卿在《元城语录》中记载：

> 东坡下御史狱，张安道致仕在南京，上书救之，欲附南京递进，府官不敢受，乃令其子恕至登闻鼓院投进。恕徘徊不敢投。

就是说，张方平为了救出苏轼，想要上书为苏轼求情。但此时张方平已经退休在家，只能通过应天府来递交自己的奏疏，结果应天府认为此事非同小可，不敢受理。张方平又找了很多昔日同僚，大家也都怕卷入此案。张方平便让儿子带着奏疏到京城登闻鼓院去递交。在宋朝，敲登闻鼓非同小可，不管敲鼓之人有理无理，都有可能被官府杖责。张恕胆小，拿着父亲写的奏疏，徘徊了好几天，还是打了退堂鼓。事后苏东坡看到张方平的奏疏副本，也被他的大胆惊出一身冷汗。

苏轼在《祭张文定公文》中曾云：“十五年间，六过南都，而五见公。”两人的交往，成就一段佳话。张方平晚年，更是将自己的文集托付给苏东坡。苏轼在序言中写“门生苏子瞻”，但张方平坚决要把“门生”二字去掉。他说，虽然我年纪比你大，但你的才学远远在我之上，你的影响不同凡响，我不敢以老师自居。

苏东坡之所以能够在北宋文坛迅速崛起，除了他不世出的才华外，与一代文宗欧阳修的奖掖与推荐更是密不可分。

嘉祐二年（1057），翰林学士欧阳修担任主考官的礼部省试如期举行，一篇《刑赏忠厚之至论》让苏轼脱颖而出。

让欧阳修和梅尧臣高度赞赏的是此文平实、通畅，一改艰涩、藻饰的文风。但如何判定名次，却让欧阳修犯了难。他推测这样好的文章恐怕只有自己的学生曾巩才能写得出来，为了避嫌，遂判为第二名。不过，苏轼虽然与第一名失之交臂，日后的名头却比当年的状元章衡更响。

在中国文学史上，像欧阳修一样识人用人的伯乐并不多见。苏洵、苏轼、苏辙、王安石、曾巩等后来声名日隆的人物，都是在他的奖掖下慢慢成长起来的。“奖引后进，如恐不及，赏识之下，率为闻人。”（《宋史·欧阳修传》）《宋史》评价欧阳修奖赏提拔后来者，好像唯恐来不及一样，可见其胸怀。在他的奖赏辨识之下，苏轼等晚辈后学都成为声名远播的人。

特别值得一提的是，嘉祐二年由欧阳修任主考官的礼部省试，被称为“千年第一龙虎榜”，所取之士可以说网罗了北宋中后期政界、思想界、文学界的众多杰出人物。如苏轼、苏辙、曾巩，在“唐宋八大家”中占了三席，还有程颢、张载等理学名士，而章惇、吕惠卿、曾布、王韶、吕大钧等更是北宋后期新旧党争中的重量级人物。欧阳修一生中，还举荐过王安石、包拯、胡瑗、吕公著等。可谓一时名士，尽出门下。这其中，欧阳修与苏轼的师生之谊最为突出。

欧阳修出身贫寒，四岁时父亲就去世了，母亲对他的教育很严格。为节减开支，母亲用芦苇、木炭作笔，在土地或沙地上教欧阳修认字。这就是“画荻教子”的由来，欧母因此也名列中国古代“四大名母”。除此之外，母亲还经常用古人刻苦读书的故事来启发他，形成了刻苦勤勉、读书至上的家风。

成为文学家之后的欧阳修不仅希望儿子能继续养成苦读的习惯，还要从书中学会做人的道理。在教导次子欧阳奕努力学习时，欧阳修写下《诲学说》：

玉不琢，不成器；人不学，不知道。然玉之为物，有不变之常德，虽不琢以为器，而犹不害为玉也。人之性，因物则迁，不学，则舍君子而为小人，可不念哉？

在这里，欧阳修以“玉”喻“人”，诲学有道，可谓金玉良言。除了教诲儿子努力学习，不断提升自身的修养，欧阳修对天下有才华的年轻人同样非常珍视。尤其看到苏轼这样天赋异禀的青年，更是激动不已。天下人痴迷苏轼的诗文也就罢了，身为文坛盟主的座师欧阳修竟也成为学生苏轼的粉丝！

宋人朱弁的《风月堂诗话》便记载说，欧阳修在一次与儿子欧阳棐谈话时，颇动真情地说：

东坡诗文，落笔辄为人所传诵。每一篇到，欧阳公为终日喜。前后类如此。一日，与棐论文及坡，公叹曰：“汝记吾言，三十年后，世上人更不道著我也。”

欧阳修发自内心地感叹道：“三十年后，没有人会记得我，就因为有苏轼这个人啊。”他所表达的情感，完全是发现人才的激动和开心，并未有半点妒忌，且有“文坛终于有人接班”

的欣慰。

这一方面固可以看出欧阳修的胸怀，但另一方面也可以看出他是真的被苏东坡的才情所折服。后来，苏轼果然不负欧阳修所望，从老师手中接续文坛薪火，终成一代文宗。

嘉祐四年（1059），苏东坡和弟弟守完母丧后从水路赴京，途经夷陵，特地拜访峡州太守朱庆基为欧阳修所筑的至喜堂，回顾欧阳修当年的风范。后来，又买得蛮布弓衣，上面织着梅尧臣的《春雪》诗，赠予欧阳修。

熙宁四年（1071）七月，苏东坡因不赞成王安石新法，且为恩公欧阳修降职鸣不平，于是上书谈论新法弊端，结果被外放出京任职杭州通判。赴任途中，他与弟弟苏辙约好去探望闲居颍州焦陂的欧阳修。

苏轼、苏辙在欧阳修的陪同下，游览了当时颍州四县十镇和著名的颍州西湖。在颍州滞留二十余日后，苏轼兄弟与欧阳修依依话别。

没有想到的是，这一别却是永诀。一年后，欧阳修病逝，享年六十六岁。

欧阳修病逝后，苏东坡多次写诗文祭拜恩师，深情怀念。他赞扬欧阳修“以救时行道为贤，以犯颜纳谏为忠”，即使受到世俗“哗而攻之”，也只能“折困其身而不能屈其言”。（苏轼《六一居士集叙》）

跟与张方平家的渊源一样，苏家与欧阳家也有密切的交往，苏轼的次子苏迨还娶了欧阳修的孙女为妻。对撰写碑志、祭文非常严格的苏东坡，也破例为欧阳修一家三代都写过祭文。苏轼与欧阳修的情谊，可见一斑。

元丰二年（1079），苏轼知湖州路上，第三次经过欧阳修当年所筑平山堂，此时欧阳修已经去世七年了。苏轼睹物思人，感喟不已，写下了《西江月·平山堂》：

三过平山堂下，半生弹指声中。十年不见老仙翁，壁上龙蛇飞动。

欲吊文章太守，仍歌杨柳春风。休言万事转头空，未转头时皆梦。

自隋唐科举制度兴起以后，不少师生关系很多时候更像是一种应酬和晋升的途径。这种因科举而形成的师生关系，很多时候十分脆弱，经不起考验。而像欧阳修和苏轼这样惺惺相惜的师生关系，就显得十分可贵。

除了张方平、欧阳修、梅尧臣对苏轼的器重、推崇、奖掖之外，在苏轼的师长中，还有一个特殊的另类——他就是陈希亮，字公弼，时任凤翔知府，也是一代名臣。

苏轼初入仕途时，到陕西凤翔府做签判，因为刚刚上任，自然意气风发。加之名气已经很大，有时不免有些傲气。

当年苏轼制科考试是贤良方正能直言极谏科第一名，因此有同事便称苏轼为“苏贤良”。“贤良”这个称谓，原本不是年轻后辈担得起的，但二十六七岁的苏轼听了这样的美誉很是受用，也坦然接受了。然而，陈公弼十分光火，随即教训了这个人。

苏轼一看，这不是不给自己面子吗？他想找陈公弼解释，陈公弼却避而不见，不搭理他。苏轼年轻气盛，见此便也耍小性子，许多场合故意不去参加。到了中元节时，凤翔府搞聚会，他也不按例去朝见上司。陈公弼就以违反规章、目无尊卑的理由罚他，罚铜八斤。

这一下，苏轼更为气恼，两人的关系也越来越僵。

后来，陈公弼建成凌虚台，按照老规矩，修成之后要写一篇文章来纪念。因为苏轼文章彼时已是盛名天下，所以这差事自然要交给苏轼。苏轼也不拒绝，拿起笔来就写了一篇奇文《凌虚台记》：

> 废兴成毁，相寻于无穷，则台之复为荒草野田，皆不可知也……夫台犹不足恃以长久，而况于人事之得丧，忽往而忽来者欤？而或者欲以夸世而自足，则过矣。

意思是说，凌虚台修起来好像很壮观、很风光，但是在历史沧桑中，一切都会化为尘土。兴盛和衰败的交替无穷无尽，高台会不会又变成长满荒草的野地，都是不能预料的。

在文章中，苏轼还铺陈说，凌虚台的东面就是当年秦穆公的祈年、橐泉两座宫殿遗址，南面是汉武帝的长杨、五柞两座宫殿遗址，北面是隋朝的仁寿宫，也就是唐朝的九成宫遗址。当年都是兴盛一时，然而几百年之后，却连破瓦断墙都不复存在了。

可以说，苏轼好不容易找到一个机会，好好地讽刺了陈公弼。明代大才子杨慎就评价这篇文章"全是讥太守"。而陈公弼看后哈哈大笑，不以为意。

这是为什么呢？

邵博《邵氏闻见后录》中记载说：

公弼览之，笑曰："吾亲苏明允犹子也，某犹孙子也。平日故不以辞色假之者，以其年少暴得大名，惧夫满而不胜也，乃吾不乐邪？"不易一字，亟命刻之石。

就是说，陈公弼在看到这篇《凌虚台记》之后，跟朋友们说，我把苏洵都当作孩子看，更不用说苏轼了。我把他视作自己的子孙，怕他年轻气盛，恃才傲物，可惜了一块良才美玉，所以才磨砺他。这是打造美玉之法。于是，命人一字不改地刻下来了。

苏轼知道之后，又是感动，又是反省，对妻子王弗当年的软语劝解也更有了感悟。原来陈公弼的处处刁难都是为了提醒他，是长辈的一片苦心。

后来，陈公弼去世后，极少为人写行状墓碑或个人传记的苏轼破例写下了《陈公弼传》。

苏轼在文中写道：

> 公于轼之先君子，为丈人行。而轼官于凤翔，实从公二年。方是时，年少气盛，愚不更事，屡与公争议，至形于言色，已而悔之。

在这里，苏轼对自己的少不更事做了反省，领会到了陈公弼的一番苦心。在为陈公弼所写的传记中，苏轼高度称赞他“平生不假人以色，自王公贵人，皆严惮之。见义勇发，不计祸福，必极其志而后已”。（苏轼《陈公弼传》）

如果说欧阳修对苏轼的影响在于文，在于道，那么陈公弼对于苏轼的为人处世之道则有着深刻的影响。值得注意的是，在苏轼一生为数不多的传记作品中，陈公弼与其子陈慥竟占了两篇，可见苏轼与陈家父子间的情谊非同一般。

尤其是陈公弼家的老四陈慥（字季常），更成为苏轼最好的朋友。这个陈慥非同常人，他没走仕途，饱参禅学，特立独行。他就是著名传统戏曲《狮吼记》里男主角的原型人物，成语“河东狮吼”就出自他的故事。

陈慥少嗜酒，好剑，视金钱如粪土。据记载，陈慥常带着两名骑马随从，身带两箭，与苏轼出游，并论用兵及古今成败。他年轻时仰慕汉代游侠朱家、郭解的品行，乡里的游侠之士都推崇他。等到他年岁稍长，就改变志趣，发愤读书，但一直没有交上好运。到了晚年，陈慥隐居在光州、黄州一带，住茅草屋，吃素食，不与社会各界来往。他放弃坐车骑马，毁坏书生衣帽，徒步在山里来往，没有人认识他。人们见他戴的帽子上面方方的且又很高，就说：“这不就是古代乐师戴的方山冠遗留下来的样子吗？”因此就称他为“方山子”。

元丰三年（1080）苏轼被贬黄州，屡次探陈慥于岐亭，并为之作《方山子传》。

元丰七年（1084），苏轼离开黄州到常州去隐居，陈慥一定要去送行。苏轼劝他不要远送，结果陈慥非要送到庐山才罢休。

陈慥的深情厚谊，苏轼在《偶题》中记载说：“惟陈季常不肯去，要至庐山而返，若为山神留住，必怒我。”意思是说，陈季常非要把我送到庐山，万一山神将他捉住，不肯放回怎么办？到时他的妻子又要来怪我了。

元祐三年（1088），苏轼与陈慥在开封又见了一次面。最后，苏轼被贬到惠州，陈慥给他写了很多信，还想去探望他。苏轼怕陈慥担心，告诉他说当地的民风淳朴，食物美味，家里也没有事。苏轼尤其坚决不让陈慥去探望他，在信中说“彼此须髯若戟，莫作儿女态也”。他知道陈慥有侠客心肠，若是得知他落难了，定会不顾一切地前往惠州。

此心安处是吾乡

在“乌台诗案”中，苏轼所有被牵连的朋友故旧中受处罚最重的就是王巩。

王巩，字定国，自号清虚，后世常称其为“王定国”；又因他后来被贬宾州，所以后人也称其“王宾州”。

王巩出身名门，祖父是真宗朝一代名相王旦。王旦曾经掌权十八载，为相十二年，深为真宗信赖，是昭勋阁二十四功臣之一，死后谥号“文正”。我们知道，“文正”是一种对文臣最高的谥号，像范仲淹、曾国藩，都是文臣之首，死后才谥号“文正”。

王巩的父亲名叫王素，也是仁宗朝的一代名臣。王素曾经出知鄂州，也就是主政于湖北武昌，和同样出知岳州的滕子京交情甚深，所以和欧阳修及庆历党人交从莫逆。

有这样的祖父和这样的父亲，王巩的出身自不待言，他的品格也为时人所敬重。

苏轼比王巩大将近一轮，但二人非常投契，早早结交。当年苏轼在做徐州太守的时候，年轻的王巩前去拜访他，两人同游泗水、魋山。王巩精擅音律，尤其善于笛曲，据说“远承魏晋桓伊之笛法”，一曲《梅花三弄》，吹得横绝当世。后来，苏轼在徐州建黄楼，特意于黄楼之上请王巩宴饮，王巩当席奏笛，声闻九天，不绝于耳。苏轼闻笛叹曰：“李太白死，世无此乐三百年矣！”

因此，得知新党处心积虑要暗算苏轼的消息后，时任秘书省正字的王巩虽官阶不高，但切近中枢、消息灵通。于是，赶在朝廷放旨捉拿苏轼之前，王巩就尽快告知了苏轼的弟弟苏辙，让苏家早做准备。后来，苏轼最终不过被贬黄州，王巩却因此被贬岭南宾州。

当时岭南是极荒凉之地，兼之瘴疠横行，被贬此间的官员病死贬所的不在少数。王巩此去可谓凶多吉少，苏轼对此心中万分愧疚。苏轼在《王定国诗集叙》里曾说：“今定国以余故得罪，贬海上五年，一子死贬所，一子死于家，定国亦病，几死。余意其怨我甚，不敢以书相闻。”可见苏轼的愧疚与担心到了何等地步。

五年之后，当苏东坡在黄州涅槃重生，当旧党终于在风水轮流转的时政里重新得势，王巩也终于奉旨北归。王巩一回中原，便宴请苏轼，为宽苏轼之心。苏轼也为此写下名篇《定风波·南海归赠王定国侍人寓娘》：

常羡人间琢玉郎，天应乞与点酥娘。尽道清歌传皓齿，风起，雪飞炎海变清凉。

万里归来颜愈少。微笑，笑时犹带岭梅香。试问岭南应不好，却道：此心安处是吾乡。

事实上，苏轼与王巩两人一贬黄州一贬宾州期间便常有书信来往。不过，虽然王巩在书信中总是作大度放达之言，但东坡先生还是不免惴惴于心。

可是，等他见了王巩之后，不觉大为惊异，发现王巩虽然贬谪岭南五年，不但没有被贬官员通常那种仓皇落拓的容貌，还神色焕发，甚至更胜当年。苏轼心中不由得疑惑，说："定国坐坡累，谪宾州，瘴烟窟里五年，面如红玉，尤为坡所敬服。"就是说，东坡先生对王巩说，老弟呀，你受我的牵累，贬谪的地方比我艰苦多了，在宾州待了五年，怎么神色看上去如此富有生机和活力呀？真是令我佩服。

王巩笑而不答，叫出柔奴为东坡献歌。据说，柔奴本也是洛阳城中大户人家的女孩，小时候家境非常不错，可惜后来家道中落，沦为歌女。王巩虽然出身世家豪门，却因命运的安排，与柔奴在红尘中相遇。王巩感其妙解音律，一见之下，引为知音。后来，王巩被贬到宾州，临行之际遣散家人，不愿家人随己万死投荒。他人避之唯恐不及，唯柔奴不避生死，誓要倾心相随。正是因为有柔奴的倾心照顾、细心照料，王巩才九死一生，终于在五年之后，由岭南贬所生还中原。

只见窈窕的柔奴轻抱琵琶，慢启朱唇，歌声随风而上，亦如“雪飞炎海变清凉”。东坡先生见到王巩已觉惊异，见到柔奴更觉惊诧万分，只见柔奴容貌“万里归来颜愈少。微笑，笑时犹带岭梅香”。

苏轼愈发惊叹，便问柔奴，你从千里之外的苦难之地饱经沧桑归来，为什么看起来却如此年轻，如此美丽？微笑之际，还犹带岭梅之香。难道这就是传说中的“冻龄”吗？“岭梅”是指大庾岭上的梅花。“笑时犹带岭梅香”，既写出柔奴与王巩北归时要经过大庾岭这一咽喉要道的情况，又以斗霜傲雪的“岭梅”喻人，说柔奴便如那大庾岭上的梅花，经此人生的寒冬，却愈发美艳、清香。这该是怎样神奇的魅力！

所以，苏轼不解地问：“试问岭南应不好？”难道那不是贬谪之地吗？难道那不是瘴疠之地吗？难道那不是人人望而生畏的穷荒之地吗？后来，东坡居士自己也被贬岭南，虽然那时他已学习了柔奴的境界，成为一个通达超越的人，也像他的好朋友王巩一样，有人生知己王朝云陪他远赴岭南，但毕竟岭南的条件太过艰苦，环境太过恶劣，导致朝云最后病逝岭南。

面对苏轼的疑惑，微笑着的柔奴却只有一句简单的回答，“却道：此心安处是吾乡”。心安定的地方便是归宿、便是故乡。

这是多么朴实无华，又多么坚定有力的一句话啊！“此心安处是吾乡”，因此一句，叫王巩、柔奴一双才子佳人，便得永恒！那个因此而备受启发，写下《定风波》的东坡居士，便得永恒！

是弟子也是朋友

欧阳修去世后，苏东坡以欧阳修改变天下文风的理想为己任，收了许多弟子。最有名的当属黄庭坚。

黄庭坚与张耒、晁补之、秦观游学于苏轼门下，合称为“苏门四学士”。对此，苏轼曾得意地夸自己“独于文人胜士，多获所欲，如黄庭坚鲁直、晁补之无咎、秦观太虚、张耒文潜之流，皆世未之知，而轼独先知之”（苏轼《答李昭玘书》）。

黄庭坚学问宏富，生前与苏轼齐名，世称“苏黄”。书法上，他与苏东坡也是不分伯仲。他是江西诗派的代表人物，与杜甫、陈师道和陈与义有“一祖三宗”（“一祖”指杜甫，黄庭坚为“三宗”之首）之称。

黄庭坚自幼聪颖，而且非常早熟，很小就显露出典型的理性思维。他七岁就写过一首《牧童》诗，说“骑牛远远过前村，吹笛风斜隔岸闻。多少长安名利客，机关用尽不如君”。你看多少长安名利客，机关用尽不如一个小牧童，这种认识何其深刻。他的舅舅李常非常欣赏这个外甥，一到黄庭坚家便喜欢考问外甥的学问，而黄庭坚总能对答如流。李常为之惊奇，说年少的黄庭坚就有一日千里之功。

后来黄庭坚父亲病丧，他十五岁时就跟着舅舅李常到江淮一带游学。黄庭坚十七岁时来到扬州，认识了北宋文人朋友圈一个非常重要的人物——孙觉。

孙觉一生有两大知己，一个是苏东坡，一个是王安石。虽然王安石是新党领袖，孙觉后来算是旧党保守派的，但他和王安石私交特别好。孙觉分别向苏东坡和王安石推荐了他的两个学生：向苏东坡推荐了秦观，向王安石推荐了陆佃，也就是陆游的祖父。

黄庭坚跟孙觉的关系就更不一般了。黄庭坚跟着舅舅见到孙觉时，席中都是文人，正在讨论诗史。孙觉很推崇杜甫，认为杜甫的《北征》胜过韩愈的《南山》。另一个诗人叫王平甫，则认为《南山》写得比《北征》好。两个人反复争论，都不服对方。一群老者争执不下的时候，就问旁边侍立的年轻人黄庭坚怎么看。

黄庭坚面不改色，镇定如常，坦然而答："若论工巧，则《北征》不及《南山》；若书一代之事，以与《国风》《雅》《颂》相为表里，则《北征》不可无，而《南山》虽不作，未害也。"（范温《潜溪诗眼》）这是一种深刻而独到的眼光，确实把杜甫《北征》的历史地位看得非常透彻，这一下在场前辈众皆心服。孙觉一看这个年轻人，喜欢得不得了，不光那份见识，还有那种风雨不动的姿态。

孙觉十分欣赏这个年轻人，一高兴就把自己最心爱的小女儿许配给了黄庭坚。年少的黄庭坚因为一场问答，一个面试，获得了一桩美满的婚姻。孙觉看中黄庭坚的就是那份沉稳镇定和他深刻的见识。

宋英宗治平元年（1064），二十岁的黄庭坚第一次赴京参加礼部试，考试结束后就传说他中了解元，住在一起的考生便设宴庆贺。正在饮酒的时候，有人进来说，现场有三人考中，但黄庭坚不要说解元，根本就是落榜了。这一下，大家都很尴尬，纷纷散去，而黄庭坚坐立席中，若无其事地自饮其酒，饮罢又和众人一同去看榜，毫无沮丧之色。这就像后来的王阳明，别人以落榜为耻，而他却说“世以不得第为耻，吾以不得第动心为耻”。黄庭坚就是这样风雨不动，镇定如恒，显现出一种强大的自信和气场来。

三年之后，黄庭坚再次参加礼部试，中了进士。这时候，黄庭坚依然面无骄色，仿佛如常，不像孟郊登科后那般“春风得意马蹄疾，一日看尽长安花”。所以，时人对他的最大印象便是气场强大、学问精深，尤其是少年老成、沉稳持重。

神宗继位后，任命王安石为宰相，开始实行新法，新旧两党的斗争愈演愈烈。在这场斗争中，黄庭坚毫无疑问追随他的老师苏东坡，结果倍受打压。一是蔡京等人说他修撰的

《神宗实录》，有污上之言，把莫须有的罪状扣到他的头上。二是王安石变法期间，黄庭坚在德州德平镇任职，当时德州民贫，百姓苦之。黄庭坚就和新党一个重要的成员反复争论，以至于反目成仇，为他后来的命运埋下了祸根。

这个人是谁呢？他就是李清照的公公，赵明诚的父亲，后来新党的核心成员，官至宰相的赵挺之。后来新党执政，因为《神宗实录》，因为与赵挺之的个人恩怨，黄庭坚最后也名列元祐党人碑，屡被贬谪，屡被流放，远贬涪州、黔州。但黄庭坚面对人生坎坷命运，一直镇定如常，到了别人都觉得苦不堪言的地方，也依然面不改色。只有和朋友、老师在一起的时候，他会露出很戏谑的一面，显出爱玩笑的性格。

曾敏行《独醒杂志》曾经记载了这样一则逸事：

东坡尝与山谷论书，东坡曰："鲁直近字虽清劲，而笔势有时太瘦，几如树梢挂蛇。"山谷曰："公之字固不敢轻议，然间觉褊浅，亦甚似石压蛤蟆。"二公大笑，以为深中其病。

北宋四大书法家苏、黄、米、蔡，师生俩排在最前面，他们的书法成就各有千秋。黄庭坚长得瘦小，比较矮，其书远承欧阳询，字形瘦长，苏轼就调侃黄庭坚的字是“树梢挂蛇”：自己还没那么高呢，字却写得那么长，就像树梢上挂着一条蛇一样。苏轼个子很高，但他的字比较宽，比较扁，黄庭坚就反过来笑他老师的字是“石压蛤蟆”。蛤蟆本来就够扁的，上面再压一块石头，那得扁成什么模样！可以看出，受老师苏轼的影响，黄庭坚的骨子里、灵魂中也有戏谑清狂的一面。

不过，苏轼虽然将黄庭坚视为知己，二人亦师亦友，但黄庭坚自己却坚称：“庭坚望东坡，门弟子耳，安敢失其序哉？”（邵博《邵氏闻见后录》）就是说，我就是苏门弟子啊，怎么敢失去师生之序呢？

后来，苏轼落难，苏门弟子都因此遭到牵连，贬谪的贬谪，流放的流放。黄庭坚在苏轼被贬惠州的时候，特意写诗，点出事情的真相：“子瞻谪岭南，时宰欲杀之。饱吃惠州饭，细和渊明诗。彭泽千载人，东坡百世士。出处虽不同，风味乃相似。”（黄庭坚《跋子瞻和陶诗》）

苏轼看后大喜，他最喜欢的就是陶渊明，他十分欣喜弟子能明白自己的心志。这样的弟子和这样的老师，真是千古师生之谊。

苏轼另外一个弟子秦观与他交往的故事也颇富传奇色彩。

秦观，字少游。他在苏门四学士中与苏轼相识最晚，但“苏子瞻于四学士中最善少游”（叶梦得《避暑录话》）。

当年，苏轼经过扬州去密州的时候，在扬州一处寺庙内发现有一首诗。这首诗无论是诗风，还是笔风，甚至包括书法，都和他自己的作品非常相似。以至于苏东坡一时恍然，也觉得是自己的创作。但是，无论怎么想，都想不起来自己什么时候在这个地方写过这样一首诗。

满腹疑窦的苏大学士一路前行，来到了好友孙觉的家中。这时，孙觉拿出一个年轻人的文集交给苏东坡鉴赏。苏东坡一看，大为赞赏，恍然大悟，心想在寺庙题诗的一定是这个年轻人了。

这个策划了如此精妙的自我营销的年轻人，就是苏轼的粉丝、时年二十六岁的秦观。

后来，苏轼有意提携这位比自己小整整十二岁的年轻人，秦观也因苏轼的推荐而声名大振。《苏轼全集》中存有两篇苏轼写给王安石的书信，其中一篇就是苏轼为秦观写的推荐信。“才难之叹，古今共之，如观等辈，实不易得。愿公少借齿牙，使增重于世，其他无所望也。”（苏轼《上荆公书》）这封信的内容比较长，称赞秦观是一个全方位的人才，希望王安石能够提拔秦观。苏轼对秦观的钟爱由此可见一斑。

叶梦得《避暑录话》云，少游词“元丰间盛行于淮楚”，也就是说秦观的情词堪称当时真正意义上的流行歌曲，而他也堪称风流千古的情歌王子，词作为时人传诵，名噪一时。

元祐年间，苏轼还朝，秦观与黄庭坚、晁补之、张耒供职史馆。在京城任职的这段时间，秦观与师友时相过从，交游甚多。但好景不长，绍圣元年（1094），太皇太后高氏崩逝，哲宗亲政，新党重新执政，旧党多人遭罢黜。先是苏东坡被贬岭南，接着秦观也因莫须有的罪名遭到贬谪，开始了历时七年的贬谪生涯。

秦观的罪名是什么呢？是他喜欢抄佛经。新党栽赃他妄撰佛经，将他贬至湖南郴州，后来又把他一路贬到雷州，和他的老师隔海相望。绍圣四年（1097），秦观贬郴州期间写下《踏莎行·郴州旅舍》，引起苏轼强烈共鸣，特地题写了跋。后由北宋书法大家米芾书写，世称“三绝”。

元符三年（1100）正月，年仅二十五岁的宋哲宗病死，次弟端王赵佶即位，称徽宗。向太后临朝听政，大赦天下，“赦天下常赦所不原者”，谪臣纷纷北归。同年六月，师生二人重逢，秦观写下了一首《江城子·南来飞燕北归鸿》。

词云：

南来飞燕北归鸿，偶相逢，惨愁容。绿鬓朱颜，重见两衰翁。别后悠悠君莫问，无限事，不言中。

小槽春酒滴珠红，莫匆匆，满金钟。饮散落花流水各西东。后会不知何处是，烟浪远，暮云重。

就是说，当年青丝红颜的两人，再见之时却已经是两个老头了。别后这么多年，一切都在不言中，再见也不知道是何年何月？这世间有些再见，或许就是再也不见。

这次短暂的相聚后不久，秦观病逝于藤州。秦观是苏门弟子中唯一一个死在苏轼前面的，让苏轼悲伤至极，痛彻心扉："两日为之食不下。"（苏轼《与欧阳晦夫书》）"少游不幸死道路，哀哉！世岂复有斯人乎！"（《宋史·秦观传》）。翌年，苏轼病逝于常州。

苏轼的交友趣事

《论语·公冶长》“颜渊、季路侍”一章记载说，孔子问弟子们各自有什么心志。

直率的子路抢先说：“愿车马，衣轻裘，与朋友共，敝之而无憾！”车马、轻裘在当时都是非常珍贵的东西，子路不愿一人独享，而乐于与朋友一起分享，足见其对朋友的真情。而颜渊说自己志在“无伐善，无施劳”，就是说不愿意夸耀自己的善行，也不愿意宣扬自己的功劳。

而当子路问孔子的志向时，孔子回答说：“老者安之，朋友信之，少者怀之。”就是说，对于年老之人，要使他得到安乐；对于朋友，则以诚信待之；对于年少者，就用心来关怀爱护他。这就是孔子理想的待人之道。

孔子这里提到的“朋友”，其实特指与自己年龄、地位、身份差不多的人，对待他们，不需要像对待老人和小孩那样给予特殊的关爱，而应待之以诚信。也就是说，朋友之间需要真诚相待，彼此交往要符合朋友的名分。能够做到以信交往，就能使友谊之树常青。

在苏轼的朋友圈中，除了老师、弟子外，最多的应该就是朋友了。

苏轼的朋友遍天下，可谓让我们大开眼界。而今天颇流行的聊天用语“呵呵”，最早也是来自苏东坡和朋友的往来信件之中。

苏轼写信时，最喜欢用“呵呵”二字。

比如，他写给表兄兼好友文与可的信中就是如此。

在苏轼看来，文与可有四绝，诗第一，楚辞第二，草书第三，画第四。其实文与可最有名的应该是画竹子，天下以求其竹为荣。而苏轼给出这样的评价，可见他前面的几项有多么高妙。

因为苏轼的大力推荐，文与可的画作可以说是一时洛阳纸贵。文与可后来不胜其烦，写信给苏轼：“近语士大夫，吾墨竹一派，近在彭城，可往求之。袜材当萃于子矣。”（苏轼《文与可画筼筜谷偃竹记》）

这是什么意思呢？

熙宁十年（1077）四月，苏轼到徐州任知州，为政之余，徜徉山水，书画会友，竹成为他笔下描绘的主要对象。据载，在当年沛县儒学影壁上还留有苏轼画的墨竹，以教育学生崇尚竹的气节风度，做一个正直有品德的人。由于苏轼在画竹艺术上的深厚造诣，在当时就有文湖州（文与可）、苏彭城（苏轼）之说，形成了南北画竹两大流派。也可以说，文与可创立了湖州竹派，苏轼则开了彭城竹派的先河。

文与可的信中，称赞苏轼在彭城画竹已经形成一个派别，叫求画的人可以直接去找他。这样的话，苏轼还可以得许多绢帛做袜子。这里其实还包含了一个典故，就是文与可当年画竹，许多人带着白绢来请他作画。他不胜其烦，就把白绢丢到地上说，要把这些白绢做成袜子。信末，文与可还写了一首诗，其中说道：“拟将一段鹅溪绢，扫取寒梢万尺长。”

苏轼说：“竹子长万尺，应该用二百五十匹绢。我知道您是懒怠作画，只是想要得到这些绢而已。”这一下文与可无言以对，就说：“我说错了，不过这世上哪里有万尺长的竹子呢？”

苏轼再写信回答说：“世间亦有千寻竹，月落庭空影许长。”月光下的竹影就有啊。文与可笑道：“苏公真善辩啊！若有二百五十匹绢，我就要买田还乡养老了。”

后来，文与可将精心画的竹子送给苏轼，并说：“此竹数尺耳，而有万尺之势。”苏轼还不罢休，又说：“近屡于相识处见与可近作墨竹，惟劣弟只得一竿……专令此人去请，幸毋久秘。不尔，不惟到处乱画，题云与可笔，亦当执所惠绝句过状，索二百五十匹也。呵呵。”（苏轼《与文与可三首·其三》）苏轼说，我在另外几个朋友那里总是看到你画的墨竹，我却只拿到了一幅，而且还只画了一竿竹……接下去又说，先不说别的，我现在就派人去你家拿，你最好不要拖延太久。不然，我就到处乱画，然后题上字，就说是你画的。或者拿着你以前的约定去告状，索赔二百五十匹绢。呵呵。

在苏轼的一千多封尺牍里，有四十多封出现过“呵呵”。读这样的信，我们感受到的正是苏轼的真性情。而这些信中的“呵呵”二字，更可见苏轼与友人的感情之真挚、之深厚。

苏轼不仅有睿智潇洒、荣辱不惊的风度，更有看淡风云、包容天地的襟怀。

熙宁八年（1075）冬天，苏轼写信给好友鲜于子骏。苏轼先是夸赞了鲜于氏所作诗文有萧然之古风，然后谈了谈自己近来的创作情况：“所索拙诗，岂敢措手，然不可不作，特未暇耳。近却颇作小词，虽无柳七郎风味，亦自是一家。呵呵。”（《与鲜于子骏书》）就是说，你跟我要诗，我岂敢献丑，但不写又不行，只是没腾出空来。最近喜欢作小词，虽然没有柳永那样的味道，但也是自成一家了。呵呵。

苏轼这里虽然表示谦虚，但可以看出他对自己新写的词还是很满意的。这首词正是他的第一首豪放词——《江城子·密州出猎》。

词云：

老夫聊发少年狂，左牵黄，右擎苍。锦帽貂裘，千骑卷平冈。为报倾城随太守，亲射虎，看孙郎。

酒酣胸胆尚开张，鬓微霜，又何妨？持节云中，何日遣冯唐？会挽雕弓如满月，西北望，射天狼。

苏轼对这首词很看重，言外还有些小心思：我做了点新尝试，不想迎合世俗风气（我才不要跟柳永一样），就是要另辟蹊径，走出一条新路。在此封信的“呵呵”中，又可以看到苏轼的一份快意和自得。

苏轼交游之广，当然不限于士林。前面讲到的苏轼与陈公弼四子陈慥的交往就颇值得称道。陈慥正是因苏轼的《方山子传》和那首《寄吴德仁兼简陈季常》而闻名遐迩。

诗中有句：

龙丘居士亦可怜，谈空说有夜不眠。
忽闻河东狮子吼，拄杖落手心茫然。

说陈慥老婆的声音如河东狮吼震慑四方，而“河东狮吼”最后也成了怕老婆的代名词。其实年少时，陈慥好侠士风，功夫很高，且视金钱如粪土。虽然有点儿怕老婆，但绝不至于这样夸张。可是苏轼的作品传播得广，陈慥怕老婆的名声也就传开了。

此外，方外之友、市井之人、乡野中人，也都有成为苏轼的好朋友的。佛印就是其中的典型。

佛印法名了元，他与苏轼留存在民间的传说很多。一次，苏轼参禅悟道，有所感悟，写了一首偈语：

稽首天中天，毫光照大千。
八风吹不动，端坐紫金莲。

佛家讲八风，利、衰、毁、誉、称、讥、苦、乐。苏轼是说人世间这些都不能动我的心。苏轼写完很是得意，让小童送给佛印，希望得到好朋友的称赞。

佛印看到后，题了两个字，苏轼一看，顿时火了。原来佛印题的是“放屁”。苏轼随即过江来找佛印。两人碰头后，佛印微微一笑，说：“八风吹不动，一屁过江来。”苏东坡听后，顿时了悟，不禁哈哈大笑。

还有一次，困境中的苏轼看到一幅观音像，就问佛印，画上的菩萨在念什么。佛印说，在念南无观世音菩萨。苏轼就纳闷了，这不就是观世音菩萨吗，怎么会求自己保佑？佛印说，求人不如求己。苏轼恍然大悟。此时的苏轼正处于人生困境之中，佛印可谓一语点醒梦中人。像佛印这样的挚友，能够帮助逆境中的苏轼获得与世界、与自我的和解。

二人之间这样颇具禅机与智慧的故事特别多。所以说，苏轼的朋友圈里，并不一定都是点赞、附和的，但都是与他情投意合、彼此相知的。能在关键时刻为你雪中送炭的，才是真正的朋友。

化敌为友

事实上，如果能够跟自己的老师做到薪火相传，跟自己的弟子做到亦师亦友，跟自己的朋友做到患难与共、志趣相投，这样的朋友圈就已是十分包容的朋友圈了，但还没达到东坡先生的境界。

跟和自己同一个战壕的人感情好，做到博爱，这并不稀奇。而苏轼的朋友圈里，还有过去的敌人。其中有些因为政见不合，甚至给过苏轼致命的打击，但最后苏轼仍然能够用爱与友情去包容他们。

那么，苏轼又是如何能够做到化敌为友的呢？

北宋文人党争，最后改革的失败也与文人的意气之争有关。

新党最重要的领袖是王安石，旧党最重要的领袖是司马光。旧党又分洛、蜀、朔三派，其中蜀党领袖自然就是苏轼、苏辙兄弟。

苏轼不赞同王安石的变法，不仅公开表示反对，而且当宋神宗征求他的看法时，他更是直言不讳，向神宗指出新法推行的弊端，言其“求治太急，听言太广，进人太锐”。神宗听后，也受到震撼，对苏轼说：“卿三言，朕当详思之。”（苏辙《亡兄子瞻端明墓志铭》）苏轼为人不羁，这样的对话却与他人提起，最后传到了王安石耳中。据记载：“轼退，言于同列。安石不悦，命权开封府推官，将困之以事。”（《宋史·苏轼传》）

苏轼不仅因看不惯王安石推行新法而向皇帝进言，更在考进士策问时出了这样一个题目：“晋武平吴以独断而克，苻坚伐晋以独断而亡，齐恒专任管仲而霸，燕哙专任子之而败，事同而功异。”考题含沙射影，热议如沸，使得王安石更是勃然大怒，专门指派御史谢景温查找苏轼的过失，意欲治其罪。

对此，《宋史·苏轼传》中这样记载：“安石滋怒，使御史谢景温论奏其过，穷治无所得，轼遂请外，通判杭州。”苏轼显然也意识到了危险，为求自保，被迫自请外任，到杭州做了通判。

苏轼出任地方官后，性情并没有因此改变，对新法的态度也始终未变。据《宋史·苏轼传》记载：“时新政日下，轼于其间，每因法以便民，民赖以安。”就是说新法中如果是对民有利的，他就执行；不利于民的，他就公开拒绝执行。苏轼此举，百姓自然拍手称快，但有人却视他为心头之患。

结果可想而知。苏轼被这些人群起弹劾，在“乌台诗案”

中被构陷入狱，差点儿丢了性命。好在有众多有识之士多方营救，这时已离开朝廷的王安石也给皇帝上书说：“安有圣世而杀才士乎？”最后，神宗因怜惜苏轼的才华，没有杀他，而是将其贬为黄州团练副使。苏轼也由此开启了他漫长的贬官生涯。

显然，王安石与苏轼之间，一来政治主张不合，政治立场不同，二来因为苏洵的关系，王安石对三苏多少抱有成见。但王安石毕竟是大政治家，苏轼毕竟是文化宗师，他们最后超越个人恩怨、超越意气之争的境界，实为后世文人的楷模。王安石不仅在“乌台诗案”时伸出援手，后来更是与苏轼在金陵相逢一笑泯恩仇。

王安石因为在新政中任用了一些小人，最后反被小人陷害，两次罢相，回到南京隐居。而苏轼被贬黄州之后，遇赦北返，路过金陵，主动去看望王安石。

北宋邵伯温《邵氏闻见录》中记载说，王安石骑着毛驴，穿了一身很随意的衣衫，亲自到江边迎接苏东坡。

苏轼没有来得及戴帽子就迎上去说：“轼今日敢以野服见大丞相。”就是说，您是当年的宰相大人，我今天可是穿着乡野粗服就来见您这位高官了。王安石笑笑说：“礼岂为我辈设哉？”意思是说，礼法难道是为我们这些人而设的吗？

苏轼在南京住了一个月，王安石陪着苏轼游遍名山大川，二人相互和诗，当年的意气之争俱已抛之脑后，一笔勾销。王安石甚至劝苏轼，既然也不得志于朝廷，不如在金陵买田安家，与他做个邻居。苏轼为此感慨地写下《次荆公韵四绝》，堪称千古唱和的佳作。

其三诗云：

骑驴渺渺入荒陂，想见先生未病时。

劝我试求三亩宅，从公已觉十年迟。

此时此刻，二人放下当年政治恩怨，唯有英雄惜英雄。

最后，苏轼离开金陵时，王安石到江边送行。看着一帆远去，王安石感叹不已地说："不知更几百年，方有如此人物。"（蔡絛《西清诗话》）此时，二人已可谓是人生知己。

在整个北宋文人士大夫中，苏轼最让人钦佩感慨之处，就是他的包容，尤其是面对人生坎坷，随时调整，既而超越的那种心态。不论是早年被外放地方官，还是中年"乌台诗案"后贬谪黄州，甚至晚年越贬越远，最后所谓"问汝平生功业，黄州惠州儋州"。换了一般人，多半会在这种逼仄的命运中日渐颓废，甚至自暴自弃，而只有东坡居士，不仅能从那个天荒地僻的儋州活着回来，还成为儋州文化的奠基者。这和他善于包容、善于调整的心态息息相关。

王安石有大政治家的气魄、担当、智慧，但他非常固执，通过两个小故事就可以看出来。

苏轼年轻的时候，有一次到王安石府中，王安石正在会客。苏轼在王安石的书房里看到桌案上有两句诗，是“西风昨夜过园林，吹落黄花满地金”。苏轼一看就笑着说，菊花怎么可能花瓣一片片吹落呢？大多数的菊花花瓣都不会被吹落，而是整朵凋谢，我们喝的菊花茶也都是整朵整朵的。苏轼觉得王安石写得没常识，就提笔在底下续了两句，说“秋花不比春花落，说与诗人仔细吟”。王安石看了之后笑一笑，也没说什么。

“乌台诗案”之后，苏轼被贬官黄州，一次秋天风大，看到菊花吹落、满地黄金的场面，才发现原来各地菊花品种不同，有的地方的菊花就是花瓣片片吹落。东坡居士此时此刻对王安石的才学十分佩服，认为当年是自己浅薄了。这就是苏东坡，有错就认，有错就改。反观王安石，明明可以说破，他就是不说。

王安石写过一本字典叫作《字说》，从训诂学的角度去解释字义。其中虽有一些望文生义处，但总体而言才学还是很深厚。比如最典型的，他解释“波”这个字说，“波者，水之皮也”。这看上去有点望文生义，但细细想来，水底下就叫作流，所谓暗流涌动。只有表面洪波涌起，才叫作波。所以，称之为“水之皮”，也有一些道理。

在当时的党争氛围下，加之苏轼不喜王安石为文治学“好使人同己”的作风，就借此调侃说：“然则滑者，水之骨乎？”（冯梦龙《古今谭概》）王安石听后，心中极其不悦。这时候王安石的偏执性格就体现出来了。因为苏轼的调侃，加上有些人别有用意的挑拨，王安石一纸调令，将苏轼左迁为湖州知州。

也正是这种性格导致王安石在变法中一意孤行，任人唯亲。到最后其实不是他的改革主张有问题，不是他的改革智慧有问题，而是他在改革行动中的执行有问题。

苏轼一开始也不理解王安石的变法智慧、变法策略，但到了地方真正接触了百姓之后，才明白王安石的变法思路也有很多可取之处。因此到后来旧党重新执政，把新党尽数逐出朝廷，要废除一切新法的时候，只有苏东坡认为要辩证地看待问题，甚至为王安石变法中的合理之处去说话，去争取。这样一来，他又被旧党所不容，最终不得已，再次外放地方。

王安石作为新党领袖，虽然改革方法有问题，但他的品德是高洁的。新党中有许多人远不如王安石的胸怀与品德，其中把苏轼害得最惨的当属章惇。

章惇最初与苏轼既是同科进士，又可谓知己好友，二人年轻时常一起出游。后来，二人虽政治立场不同，但“乌台诗案”时，章惇还是挺身而出为苏轼仗义执言。然而，元祐更化中，二人分道扬镳。等到哲宗亲政，章惇还朝拜相，对旧党的报复可谓无所不用其极。当时，司马光早已去世，却险被开棺戮尸，而苏轼、苏辙兄弟，章惇更是必欲除之而后快。

苏轼被贬岭南惠州，出乎世人意料的是，苏轼旷达超脱，在瘴疠之地依旧活得有滋有味，还写诗自得。结果诗作传到章惇那里，觉得苏轼的日子还是太好过，于是又把他贬到儋州，苏辙也受牵连被贬到了雷州。

直到徽宗登基，苏轼遇赦北归，当时盛传苏轼要入朝为相。此时章惇已被贬雷州，章惇之子章援曾是苏轼的学生，担心苏轼报复父亲，写了一封长信以告。苏轼读完之后，于病中回复了一封长信，信中说：“某与丞相定交四十余年，虽中间出处稍异，交情固无所增损也。”（苏轼《与章致平二首》）信后，苏轼还亲笔附了一个克瘴疠之法以益养生的药方，让远贬岭南的章惇服用。据说，章惇见此，亦大为感慨，羞愧难当。

南宋诗人刘克庄为此感叹不已，评价说：“君子无纤毫之过，而小人忿忮，必致之死。小人负邱山之罪，而君子哀怜，犹欲其生。此君子小人用心之所以不同欤。”（刘克庄《跋章援致平与坡公书》）这就是君子与小人的胸怀之别。

在中国传统文化中，宽容是君子自我修炼、修身养性的一个重要品格。

作为君子，不仅要严于律己，更要宽以待人。孔子解释“仁”的时候，倡导“忠恕”原则，说“躬自厚，而薄责于人”（《论语·卫灵公》），“己所不欲，勿施于人”（《论语·颜渊》），就是说凡事要推己及人，将心比心，设身处地地为他人着想。唐代文学家、“唐宋八大家”之一的韩愈提出“古之君子，其责己也重以周，其待人也轻以约”（韩愈《原毁》），也是说在处理人际关系时，对待自己要严格周全，但对别人的要求则应宽容。

苏轼之所以能够有如此宽广的朋友圈，就是实践了他的那句名言“眼前见天下无一个不好人”。把恨留在心中的时候，恨影响不了别人，只扎根在自己的心中；把爱留在心中的时候，爱不仅到达别人那里，还常驻你的心间。

正是有这样的爱，有这样的包容，有这样的境界，才造就了千古之下如朗朗明月的东坡居士。

千年英雄 一代宗师

2000 年，法国《世界报》评选了十二位生活在公元 1000 年前后的东西方人物，称之为“千年英雄”，并刊载文章对他们加以介绍。苏轼是唯一入选的中国人。此专栏文章作者让－皮埃尔·朗热利耶评价说：“苏轼身上有一些文人普遍的特征，即使作为法国人，也是能感受和理解的。”

科学研究表明，天才人物在人群中只占很小的比例。尽管如此，因为人口基数大，所以历史上可称得上天才的人物，数量还是很多的。但是，天才常有，而全才则非常难得。

李白肯定是天才。李白擅长写诗，可是与诗歌相比，他的文就没那么好了。而且他的诗歌成就，也主要体现在绝句、歌行和古风。

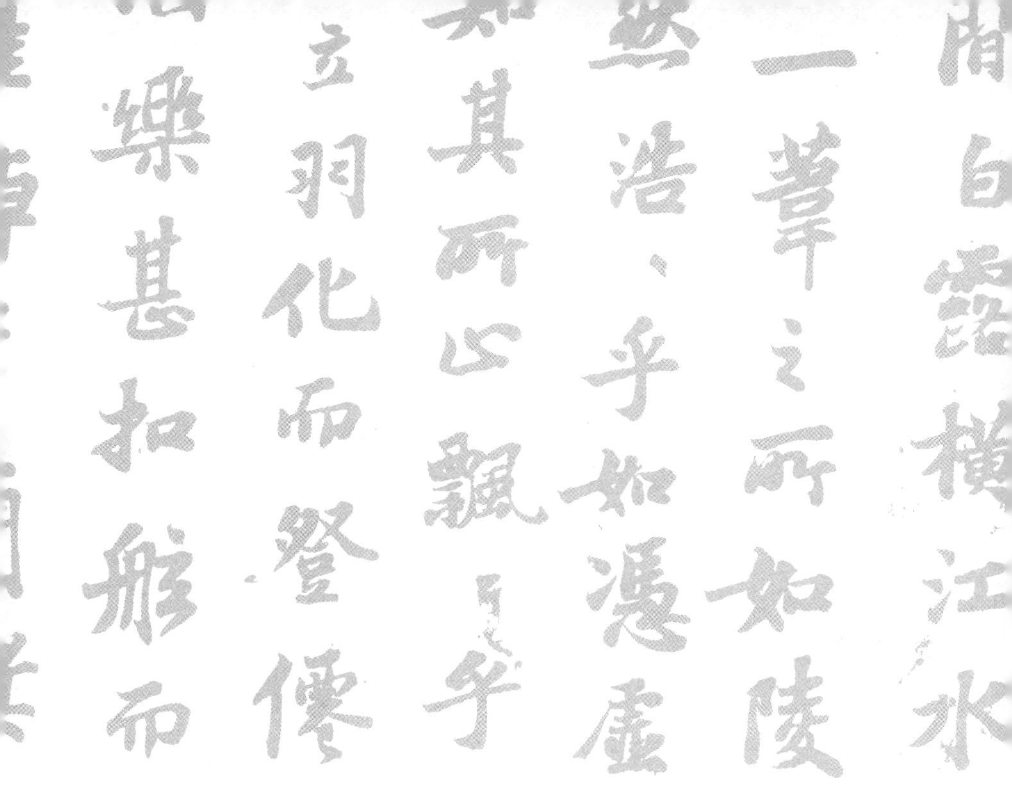

杜甫是格律诗的天才，尤其是七律，可以说无人可以超过杜甫。但是，杜甫在绘画、音乐等领域并没有什么成就。

可见，要想样样精通，是一件很难的事，甚至有点不太可能。借用一句西方俗谚的说法，上帝为你关上一扇门，才会给你打开一扇窗。

但是，苏东坡不一样，他可以称得上中国文化史上的全才。除了在散文、诗词和书法、绘画等方面的成就，他还在音乐、茶道、美食方面颇有建树。他既是雅文化的宗师，又是俗文化的宗师，在中国思想史上也写下了浓墨重彩的一笔。

雅文化的宗师

从雅文学的角度看，不论是诗词文赋，有宋一代，苏东坡都是一面旗帜。

在诗歌创作成就上，北宋是“苏黄”并称的。如果加上南宋，那就是“苏陆”并称。就是说，单论北宋，苏轼和他的弟子黄庭坚被公认为最耀眼的双星；如果两宋合起来，就是苏轼和陆游被视为最杰出的代表。这说明，无论如何，苏东坡都是无可替代的第一面旗帜。

我们知道，欧阳修诗文革新运动这面大旗，其实就是交到苏轼手上的。所以，苏轼才在欧阳修之后，成为一代文宗。所以苏东坡的诗，不仅有唐诗的情趣，还能体现出宋诗的理趣。举一首诗的例子就可以看出来了，比如人们熟悉的那首《题西林壁》。

诗云：

横看成岭侧成峰，远近高低各不同。
不识庐山真面目，只缘身在此山中。

写庐山的诗很多，所以要写出新意很难。比如李白的题诗在前，就已经是“眼前有景道不得”了。我们对比一下李白那首《望庐山瀑布》：

日照香炉生紫烟，遥看瀑布挂前川。

飞流直下三千尺，疑是银河落九天。

李白的诗，取景铺陈，如在目前，是直接描写，而且把夸张笔法用到了极致。“飞流直下三千尺，疑是银河落九天”，不论再如何描摹，也无法超过这个境界。这就像《诗经·卫风》里的《硕人》，写美女，就是用的直接描写的比喻手法：“手如柔荑，肤如凝脂，领如蝤蛴，齿如瓠犀，螓首蛾眉，巧笑倩兮，美目盼兮。”真是美到极致！后人再说什么“齿如编贝”之类，也还是套用《硕人》的模板，只能仰望，无法超越。后人只能另辟蹊径，改说“沉鱼落雁，闭月羞花”了。《诗经》是直接比喻，比不了了，只好用夸张手法，比物连类，也算是出奇制胜。我们知道，中国形容四大古典美人，就是用“沉鱼”“落雁”“闭月”“羞花”四个词来分别比附的，反而比《硕人》中的描写更流行、更出名。

而苏东坡在写景上，已然无法超越太白，于是也换了一种思路，用融入理趣的办法来别开生面。唐诗擅长写景、写情，宋诗擅长写理、写趣，有理性的思辨。因此，他换了一个角度，写出人生的况味和哲理来，情亦在其中。所以，以苏轼、黄庭坚、陆游等杰出诗人的诗作为代表的宋诗，虽然在状物抒情方面无法胜过唐诗，但因为融入了诗人的人生感悟和思考，反而有所创新，有所超越。

“横看成岭侧成峰，远近高低各不同。”好像是写景，却带有强烈的主观感受，是一种概括性、抽象性的写景。正所谓“不识庐山真面目，只缘身在此山中”，庐山的景色因为人的视角转换而变幻出不同的面目，社会人生，万事万物莫不如此。

人生不如意事常八九，我们常常在坎坷挫折中沉郁顿挫，难以自拔。为什么？因为陷在其中，当局者迷。人们在得意时忘形，道理亦是如此。只有跳出圈外，从更高的维度去审视环境、反省自身，才能得到更透辟的认知。唐诗虽然有“欲穷千里目，更上一层楼”“会当凌绝顶，一览众山小”的超拔意境，但是仍然没有挣脱二维平面的认知局限；“不识庐山真面目，只缘身在此山中”则陡然具有了一种“上帝视角”，传达出一种深邃的哲理。

所以说，苏轼的诗正典型地体现了宋诗具有理趣思辨的特点。当然，这主要建立在对文字的精准把握上。苏轼文字学的功底很深，从一则游戏创作中便可以看出他的汉字功夫。

前秦秦州刺史窦滔的妻子苏蕙，作过一幅著名的锦字回文诗《璇玑图》。苏东坡看后，也写了一首回文诗。

这首诗正着念是：

春晚落花余碧草，夜凉低月半梧桐。
人随雁远边城暮，雨映疏帘绣阁空。

倒着念则变成了：

空阁绣帘疏映雨，暮城边远雁随人。
桐梧半月低凉夜，草碧余花落晚春。

真是妙到毫巅！虽说是游戏之作，但也可以说明苏轼对汉字的把控能力到了出神入化的地步。

正因为有这样的文字造诣，所以苏轼不仅诗写得好，文章也是精彩绝伦。苏轼是“唐宋八大家”之一，这个“八大家”指的是“古文八大家”，就是专指文章。虽然中国被称为“诗的国度”，但是在宋以前，古人对文的重视程度甚至超过了诗词。

为什么呢？

曹丕说过一句名言：文章乃“经国之大业，不朽之盛事”。（曹丕《典论·论文》）所以欧阳修作为天下文坛盟主，继韩愈、柳宗元倡导“古文运动”之后，举起了北宋诗文革新运动的旗帜。欧阳修就是要继承韩、柳古文运动的传统。这也是他对苏轼寄予厚望的重要原因。

后来苏东坡在《文说》中评价自己的文章说：

> 吾文如万斛泉源，不择地皆可出，在平地滔滔汩汩，虽一日千里无难。及其与山石曲折，随物赋形而不可知也。所可知者，但常行于所当行，常止于不可不止，如是而已矣。

行于所当行，止于所当止。此真可谓至理之言！于文，则文气贯通，毫无窒碍；于人生，循此则可别开境界。

《赤壁赋》《超然台记》《喜雨亭记》这样的名篇暂且不论，苏轼最精短的一篇小品文《记承天寺夜游》，就开辟了明清小品文的风范。

文曰：

> 元丰六年十月十二日夜，解衣欲睡，月色入户，欣然起行。念无与为乐者，遂至承天寺，寻张怀民。怀民亦未寝，相与步于中庭，庭下如积水空明，水中藻、荇交横，盖竹柏影也。何夜无月？何处无竹柏？但少闲人如吾两人者耳。

诚然妙品！

整篇文字可谓当行当止，仿佛随意写来，却又层层叠叠，意蕴无穷。

开篇交代事由，点出“月色”之引。篇中两人在庭中，“庭下如积水空明，水中藻、荇交横，盖竹柏影也”。一切妙境，正源于月光。

结篇更妙的是“但少闲人如吾两人者耳”中的一个“闲”字。看上去用笔很“闲”，但苏轼正是“乌台诗案”之后，作为罪官被贬谪在黄州的，而当时张怀民也谪居在黄州，和那些当道的权臣、小人们，是道不同而不相为谋！苏轼自处闲地，自曰闲人，仿佛闲笔，其实深有内涵。仔细琢磨，一个“闲”，一个“月”，正是这篇文章的灵魂，却写得那么潇洒，那么飘逸，真不愧是一代文章的宗师。

诗文成就已然如此之高，在词的创作上，苏轼更是北宋一代词宗。尤其是豪放词，苏轼可谓鼻祖。

从民间唱词演变而来、有诗余之称的词，其主流确实是婉约。但发展到一定阶段，如果只有婉约，而没有豪放，就像事物有阴无阳，阴阳失衡，一定难以为继。所谓一阴一阳谓之道，要想让词这种文学体裁大放异彩，登堂入室，在婉约之外，必须要有豪放，这样才能阴阳平衡，另开天地。

虽然前有李后主“四十年来家国，三千里地山河”的气象阔大，但总归是悲凉之作，还算不上是标准的豪放词。虽然柳永《八声甘州》“对潇潇暮雨洒江天，一番洗清秋”场面宏大，但仍是归于哀怨，也不是严格意义上的豪放词。像李煜、柳永这样在人生的困境里发出的悲愤之声，到了苏轼那里就完全变成了另一番境界。

苏轼一生坎坷，坎坷的人生也赐予了他独特的人生感悟和阔大襟怀。

首先是外放到杭州时，苏轼才开始了词的创作。然后迁密州，正是在密州任上，一首转变词风的关键作品出现了，那就是著名的《江城子·密州出猎》。

可以说，这首词是词史上扭转词风的关键节点出现的关键作品。

从词史的角度去看，词分豪放与婉约，这是对宋词风格的一种基本认识。豪放派以苏东坡与辛弃疾为代表。可是，最早的豪放词，也就是说正式标志豪放词创作诞生的作品，应该是哪一首呢？

词史上对此有不同看法，像国学大师夏承焘先生就认为，对于豪放词的整个创作而言，范仲淹的《渔家傲》开其风气之先。但这其实只是开其风气，并不能标志着豪放词作为一种创作风格的诞生。词坛公论，到了苏轼的《江城子·密州出猎》，才标志着最早的豪放词创作的正式诞生。所以，这首词具有里程碑式的意义。

词本来是伶工之句，胡夷里巷之曲，被称为燕乐。后来经由温庭筠、冯延巳等人提升了艺术性，到了南唐后主李煜“遂变伶工之词而为士大夫之词”，增加了词的深度。而柳永的慢词创作则从音乐角度入手，增加了词的厚度。再到晏殊、欧阳修，以绝大才学入生活小节，增加了词的温度。范仲淹以边塞入词，开豪放词风气之先，拓展了词的宽度。而到了苏东坡，才真正开豪放词派，增加了词的创作广度与维度，从真正意义上彻底拓宽了词的创作领域。

苏轼的这种拓宽是具有决定性意义的，这使得词能和诗一样登大雅之堂，甚至让词最后摆脱了音乐的束缚，成为具有独立价值、独立意义的文学创作题材。苏东坡的学生、有“宋代王维”之称的晁补之，当时就评价老师的词已经摆脱了音乐，即曲的束缚。东坡居士的徒孙，晁补之的忘年交李清照，也说东坡词“往往不协音律者”，正是从另一个角度说明苏轼的词已经彻底摆脱了音乐的束缚，成为一种完全独立的文学体裁。

所以，《江城子·密州出猎》是扭转词风的一首里程碑式的作品。在此之前，词就应该是婉约的，现在却“令东州壮士抵掌顿足而歌之，吹笛击鼓以为节”（《与鲜于子骏书》），气魄大不一样，词风至此大变。

这个时期，苏轼正在经受人生的第一个挫折，从年少轻狂、意气风发转而被贬官外放。接下来，他的人生到了一个更加剧烈的转折期，他将面临更大的苦难，那就是“乌台诗案”的爆发。

“乌台诗案”之后，苏东坡作为罪官，被流放到黄州。在这个地方，在人生困顿之极的时刻，物质上的匮乏加上精神上的苦闷没有击垮苏轼，反而让他在天地之间找到一种超脱，一种大境界的超脱。这种超脱，不仅为他个人，也使整个宋词实现了一种超越。正是在这里，诞生了那首千古名作——《念奴娇·赤壁怀古》。

词云：

> 大江东去，浪淘尽，千古风流人物。故垒西边，人道是，三国周郎赤壁。乱石穿空，惊涛拍岸，卷起千堆雪。江山如画，一时多少豪杰。
>
> 遥想公瑾当年，小乔初嫁了，雄姿英发。羽扇纶巾，谈笑间，樯橹灰飞烟灭。故国神游，多情应笑我，早生华发。人生如梦，一尊还酹江月。

这又是一个标志性的作品，它不仅标志着苏轼超越了自己的人生困顿，也标志着宋词在境界上彻底超越了原来的婉约词境，进入了一个更加广阔的天地。自此以后，人们关于词的观念也改变了。过去人们以为词就是小情小调，最多也就是爱恨情仇，题材受到很大的现实局限。此后则不同，人们从苏词中看到了无限可能，词变得无处不可写，无事不可写。后人评东坡的词叫“以诗入词，以文入词”，也是一种“常行于所当行，常止于所不可不止”。

当然，并不是说苏轼豪放词写得好，婉约词写得就不好。事实上，苏轼词的创作，也是以婉约词为主，总量上还是婉约词居多，他的婉约词创作同样也是北宋词坛的“顶流”。与《江城子·密州出猎》作于同一年的《江城子·乙卯正月二十日夜记梦》，便是婉约词的千古名作。

苏轼凭一己之力，把词推到了和诗、文一样的高度，所以他堪称是雅文学的宗师，诗、词、文、赋样样精通，无所不能。当然除了雅文学，还有雅文化。

比如书法，苏轼居“苏、黄、米、蔡”四大家之首。苏轼的书法精品《黄州寒食诗帖》，被称为天下第三行书。第一是王羲之的《兰亭集序》，第二是颜真卿的《祭侄稿》。

比如绘画，他的墨竹和文与可的竹可以说是文人画中的典型，共同开辟了两宋文人画的先河。

书法、绘画之外，苏轼对音乐也很有研究。他深晓音律，虽然他的词往往不协音律，但他的音乐水平确实很高。苏轼尤擅琴艺，有着自己独特的造诣，他善于欣赏各种音乐艺术，了解音乐的演奏形式，写有许多关于琴和音乐的著述。他之所以在杭州任通判时发现了当时才十二岁的朝云，就是因为她的音乐天赋很高，两人在音乐鉴赏上产生了共鸣，此诚所谓“知音”之遇。

俗文化的鼻祖

倘若苏轼仅仅只是雅文化的宗师，他在中国民间的影响绝对不会那么大，市井百姓也不可能如此亲近他。

我们在谈到文化的普及时，往往把“雅俗共赏”作为最高目标，因为这其实是一个很难达到的境界。如果说白居易是中国历史上第一个把诗歌这种雅事做到妇孺皆宜的人，苏轼则是中国历史上赋予烧饭、做菜这类俗事以文化内涵的祖师爷。

苏轼生活中的很多行状常常让人忍俊不禁：拼死吃河豚，自酿酒却喝得别人拉肚子，从朋友那里“骗取”药方救百姓……这样的故事有很多很多，而正是这样一些怪行怪状、特立独行，让苏轼成为一个更接地气的文人。他不是高高在上，高不可攀，他仿佛就是你的邻居、朋友，他就在你的身边。

首先，苏轼是出名的美食家，也是烹饪大师。

我们都知道苏东坡做过一个帽子，高高的子瞻帽。有学者认为，后来的厨师帽大概就是从苏东坡的子瞻帽演化来的。

当然，苏东坡的子瞻帽并不是为烹饪准备的行头，但他的烹饪水平的确到了出神入化的境界。东坡羹、东坡肉、东坡肘子，都是他创造的。

在中国，恐怕很少有人不知道东坡肉，很少有人不知道东坡肘子。

关于东坡肉的来历，民间有几种说法。有的说苏轼在杭州疏浚西湖的时候，看到民工很辛苦，为了改善他们的伙食，就创制了东坡肉的烧法；也有的说是他在徐州抗洪成功后发明的；但最可靠的说法是，东坡肉是苏东坡在困居黄州的时候研制出来的。

黄州的肥猪比较多，价格也便宜。富人不稀罕吃，而穷人不会烹调。苏轼怀着对美食的热情，点化起了这块肥猪肉。为此，苏轼还专门戏作一首《猪肉颂》：

> 净洗铛，少著水，柴头罨烟焰不起。待他自熟莫催他，火候足时他自美。黄州好猪肉，价贱如泥土。贵者不肯吃，贫者不解煮。早晨起来打两碗，饱得自家君莫管。

苏轼此诗题作《猪肉颂》，看似滑稽，实际是在幽默中蕴含了严肃的主题。

作者的颂，当然包括了在味觉方面的享受，对自身烹调创新方面的自得。但当我们了解了苏东坡当时的艰难处境时，就会在诗句背后，朦胧地看到一个不屈的灵魂，一个在为人处世方面永远追求更高远深刻的情味的，将日常生活与理性思考达到“知行合一”理想的哲人。尤其是作者将烹调艺术与人生超越的理想有机结合为一体，实在是为世人做出了人生的表率。

有一句俗语叫“拼死吃河豚”，河豚的肉虽然十分美味，但河豚的某些器官含有神经毒素，需要非常精细的加工才能既享受其美味，又避免中毒。如果厨艺不精，做出来的河豚就是十分危险的。“拼死吃河豚”这句俗语的“版权”，就属于东坡居士。

据说常州有户人家，是烹制河豚的高手，知道苏轼是美食家，就特意请他到家里试吃，希望通过他的口碑，来扩大影响。于是，在苏轼试吃的时候，其他人都躲在屏风后看他吃，希望听到他的赞语。没有料到的是，苏大学士专心尝鲜，竟然一言未发。只见苏轼一口气把河豚吃完了，才一抹嘴，说了一句惊人的话：“也值得一死！”那意思似乎是说，为了吃到河豚这样的美味，死了也是值得的，这就叫“拼死吃河豚”。

张耒《明道杂志》也记载说：“苏子瞻在资善堂与数人谈河豚之美，诸人极口譬喻称赞，子瞻但云：‘据其味，真是消得一死。’人服，以为精要。”

别人是锦衣玉食中才做得个美食家，而东坡先生则越是在人生困顿时，越发体现出美食家的本色。

苏轼晚年被流放岭南惠州，当时僻处穷荒，物资极其匮乏，整个惠州的集市每天只杀一只羊。苏轼作为罪官被流放至此，本来就窘迫得很，所以也没钱去买羊肉。于是，他就跟卖羊肉的说，每天把剩下没人要的羊脊骨给他一块。他把羊脊骨拿回去先炖煮，再烧烤，然后剔出骨间的那些碎肉，说味美绝伦，如食蟹螯。

他还为此专门写信，把这种羊脊骨的烧法告诉同样被贬在雷州的弟弟苏辙。他在信中教苏辙这道美食的具体做法说："骨间亦有微肉，熟煮热漉出。不乘热出，则抱水不干。渍酒中，点薄盐炙微焦食之。终日抉剔，得铢两于肯綮之间，意甚喜之，如食蟹螯。率数日辄一食，甚觉有补。"（苏轼《与子由书》）就是说，将羊脊骨煮熟，过了水，洒上酒，抹上盐，烤至微焦。剔拨一天，往往只有一铢半两些许肉，但是味道极美，品尝起来仿佛有螃蟹的味道。每隔三五天，就要吃一次，感觉对身体大有益处。

每读此篇《与子由书》，尤其是其中"得铢两于肯綮之间，意甚喜之，如食蟹螯"之句，不由让人想起明朝文人金圣叹临刑前留下的最后一句话："花生米与豆干同嚼，大有核桃之滋味。得此一技传矣，死而无憾也。"无奈的悲哀也好，因荒诞而滑稽也罢，这种调侃当中必然蕴含了趋近极致的豁达与无可救药的乐观。

苏东坡也是这样一种人，他非但没有因为买不到肉而心怀怨恨，反而另辟蹊径自制“烤羊脊”，还为此美食沾沾自喜，在信中向弟弟嘚瑟一番，临了还不忘调侃那些望着骨头垂涎三尺的狗狗一番：“用此法，则众狗不悦耳。”

他说，把骨头上的肉都剔除干净，估计那些等着啃骨头的狗要不高兴了。这样的东坡居士，好像全然忘了自己遭受贬谪的命运，只活在当下，醉心于美食。

严格说起来，苏轼还是一个宠物迷。

苏轼后来被贬儋州，穷困潦倒之极，当地的乡人送了他一只狗。他很喜欢这只狗，给这只狗起了一个很怪的名字，叫“乌嘴”，也就是黑嘴。为什么叫乌嘴呢？因为有一次他们外出，要过一座独木桥，为了让苏轼能很自在地过桥，这只狗就从桥底下游了过去。苏轼心想，这只狗太有灵性了，希望它能和陆机的“黄耳”一样。

据《晋书·陆机传》记载：

初机有骏犬，名曰黄耳，甚爱之。既而羁寓京师，久无家问，笑语犬曰：“我家绝无书信，汝能赍书取消息不？”犬摇尾作声。机乃为书以竹筒盛之而系其颈，

犬寻路南走，遂至其家，得报还洛。其后因以为常。

西晋著名文学家、书法家陆机养了一条狗，名为黄耳。陆机是苏州人，后来到了洛阳当官，有一次写家书，要找人寄家书回去。

此时黄耳摇头摆尾，陆机就问，难道你能帮我送信？黄耳居然点头。于是，陆机就把信装入竹筒，挂在黄耳脖子上。黄耳果然跑回苏州，把家书送了回去。家人一看，是黄耳送家书回来了，又写了回信，重新塞在它脖子底下，让它又把家书送回洛阳。从此，陆机一有家信往来就都托付给黄耳。陆机非常喜欢黄耳，觉得它聪慧之至，黄耳的名字因而也载入史册。

苏轼给自己的爱犬取名“乌嘴”，有向陆机看齐和向“黄耳”致敬的意味，也是希望自己的爱犬像陆机的爱犬一样，能够青史留名。在儋州那个孤苦无依的海岛之上，除了自己的儿子苏过，爱犬就是东坡居士最好的陪伴和最大的安慰了。

苏东坡虽然酒量不大，但喝酒很有水平，于酒文化也很有研究。他曾经自云：“使我有名全是酒，从他作病且忘忧。”（苏轼《次韵王定国得晋卿酒相留夜饮》）

苏轼深谙酒道，喝酒时有三个特点。第一，他不干杯。

史料记载他杯中不尽，也就是不干杯。第二，他不过量。他就和山涛一样知道自己酒量在哪儿，从来不过量。第三，他微醉即离席。他能控制自我，要的就是那个酒酣半醉的效果。一旦有了这个效果，他就起身离席去干其他事儿，比如说写字，比如说打猎，甚至去走访农家，“酒困路长惟欲睡，日高人渴漫思茶，敲门试问野人家”。

所以，东坡先生喝酒，那是有大智慧的。

不过，苏轼虽然酒量不大，却喜欢自己酿酒。他说自酿过“真一酒”“天门冬酒”。天门冬是一味中药，看来苏轼还懂医术。

他儿子苏过有一次跟朋友说，我父亲酿的酒你们不喝也罢。结果有个人不信，非要喝，喝完了之后立马拉肚子。苏东坡再用自己做的药去给人家治病。

苏东坡谪居黄州时，同乡好友巢谷前来探视他。他听说巢谷手上有一个叫“圣散子”的祖传药方可以治病，于是天天缠着巢谷要这个秘方。巢谷这个秘方本来连自己的儿子都不准备传的，最终耐不住苏东坡的软磨硬泡，还是给他了。巢谷让苏东坡指江发誓，不能传给别人。苏东坡果真发誓“不传”！

后来黄州瘟疫流行，苏东坡毅然将药方授予当地名医庞安常，做成圣散子丸，拿去给灾民治病。可见，他的心中始终装着百姓，装着天下人。当然，巢谷十分了解他的为人，丝毫不以为忤。当苏轼被贬岭南之后，巢谷以垂老之身跋涉千里去岭南探望，最后死于途中。所以诚信的本质，首先是要内诚于心，强调做事时不违背自己的本心，与自我意志保持一致，然后外信于行，此诚所谓“诚意、正心、格物、致知”。

苏轼在《望江南·超然台作》中说：“休对故人思故国，且将新火试新茶。诗酒趁年华。”除诗酒外，苏轼还精擅茶道。对于茶，他不仅善饮、善品，而且自己汲水、生火，对于磨茶、煎茶都很精通。

所谓磨茶，是指盛行于中国古代的一种制茶工艺或茶道。选取春日之绿茶，在采摘前一旬到一月之间，搭棚覆盖遮阳，以增加茶之香气。采下茶叶后，再蒸茶杀青，以呈现特别的口感。饮茶之时，用石磨将茶团碾细，再将筛出的茶末放进茶盏，注入滚烫的开水。

苏轼对磨茶十分看重，因此对磨茶的器具——茶磨相当讲究。在《次韵黄夷仲茶磨》一诗中，他特别赞扬了四川一带出产的良磨：

岁久讲求知处所，佳者出自衡山窟。
巴蜀石工强镌凿，理疏性软良可咄。

对于如何煎茶，苏轼也很有研究。在《汲江煎茶》一诗中，他生动地描述了煎茶和饮茶的过程：

活水还须活火烹，自临钓石取深清。
大瓢贮月归春瓮，小杓分江入夜瓶。
雪乳已翻煎处脚，松风忽作泻时声。
枯肠未易禁三碗，坐听荒城长短更。

这首著名的茶诗，是苏东坡流放海南儋州时所作。为了饮一盏好茶，他不惜在夜间摸着黑，踩着石头，临江取水。用大瓢舀水倾入瓮中，月影也跟着倒了进去。回到家中，一边生炉煎茶，一边坐听松涛。茶煎好之后，不顾空腹，忍不住海饮三碗，却又造成了失眠，只好坐听打更之声，以盼天明。又如在《试院煎茶》诗中，苏东坡描述了茶、茶汤、茶具及茶效，谈论煎茶要注意火候的问题。

苏轼不仅品茶、煎茶、磨茶，甚至还栽种茶树。在《种茶》一诗中，他描写自己选择了一个春雨如油的好时节，移栽一棵被遗弃的百年老茶树的过程。在他的细心呵护下，老茶树重现活力，长出了上好的茶叶。

诗云：

松间旅生茶，已与松俱瘦。

茨棘尚未容，蒙翳争交构。

天公所遗弃，百岁仍稚幼。

紫笋虽不长，孤根乃独寿。

移栽白鹤岭，土软春雨后。

弥旬得连阴，似许晚遂茂。

除了茶诗、茶道外，历史上还流传不少与苏东坡相关的茶事典故。据说，他曾设计过一种提梁式茶壶，题有“松风竹炉，提壶相呼”的诗句，后人将这种提梁壶称作“东坡壶”。苏轼对茶叶的保健功能也深有研究，“每食已，辄以浓茶漱口，烦腻既去，而脾胃不知。凡肉之在齿间者，得茶浸漱之，乃消缩不觉脱去，不烦挑刺也。而齿便漱濯，缘此渐坚密，蠹病自已”（苏轼《漱茶说》），认为饭后用茶漱口，可以预防龋齿。

试想，苏轼为什么屡被流放，投荒万里，别人都认定他活不下去，他却能活着回来，仿佛人间奇迹?

一方面因为他有强大的精神和意志，另一方面，就是得益于他对生活的热爱。他能用心生活，在日常生活中钻研、修炼，不论食道、酒道、茶道、医道，他都热爱，他都精通。这些生活的智慧，不仅可用于治世，尤可用于救己，让那个号东坡的居士可以在困厄中渡过一道道难关，成为中国文化史上的传奇。

大师的精神

作为天才的苏轼，不论是雅文化，还是俗文化，可谓样样精通，可要成为一个宗师级的人物，最关键的还要有精神层面的终极追求。苏轼在中国文化史上作为一个巨人出现，最终还是因为他思想的力量和精神的力量，他那种“穷则独善其身，达则兼济天下”的情怀，直到今天也依然是世人的榜样。

在思想层面，苏东坡儒、释、道兼收并蓄，自成一家。

儒家不用说了，他本身就是一个儒生。

年轻的时候苏轼就喜欢庄子，小时候他父亲教他读《庄子》，弟弟苏辙就说苏轼一副仙风道骨，别人看了都非常羡慕。所以，苏轼之所以能在黄州写下《赤壁赋》，那就是得了庄子的“独与天地精神往来”（《庄子·天下》）的真髓。

当然，佛家佛理苏轼就更喜欢了。名僧道潜、佛印，都是他的至交好友。事实上，苏轼的方外之交很多，很多僧人都特别喜欢这位东坡居士。而东坡居士一生好入名寺，入则尤喜题诗。比如，他不仅有著名的《题西林壁》，还有题东林的诗句。西林寺和东林寺其实挨得很近，苏轼并不厚此薄彼，去的时候都写了诗。

把他的《题西林壁》和在东林寺写的诗《赠东林总长老》，还有《观潮》三首诗放在一起看，就可以看出他人生的三境论，其实特别像佛家的禅宗三境。

第一首，是《题西林壁》。

诗云：

横看成岭侧成峰，远近高低各不同。

不识庐山真面目，只缘身在此山中。

这首诗写的是，当局者迷，旁观者清。

第二首，是在东林寺写的《赠东林总长老》。

诗云：

溪声便是广长舌，山色岂非清净身。

夜来八万四千偈，他日如何举似人。

似睡非睡间，苏轼的内心被大自然的声音感动，体会到天地万物的智慧和禅意。

第三首，是《观潮》。

诗云：

庐山烟雨浙江潮，未到千般恨不消。

到得还来别无事，庐山烟雨浙江潮。

原来听说“庐山烟雨浙江潮”如何如何，不去看一下，则“未到千般恨不消”！等真正看到了“庐山烟雨浙江潮”，又当如何？终究还是“庐山烟雨浙江潮”，一种回归，一种本色。

这三首诗放在一起，让人不禁想到禅宗的三境论：看山是山，看水是水；看山不是山，看水不是水；看山还是山，看水还是水。佛理精湛，自在其中。

建中靖国元年（1101）七月二十八日，苏轼到了弥留之际。

周辉的《清波杂志》中记载，苏轼晚年从海南岛北归，最后病逝于常州。临终之前，他的好友钱世雄和惟琳长老在身边为他送终。

惟琳长老对苏东坡说了一句话，“端明宜勿忘西方”。端明就是指苏轼，苏轼曾任端明殿学士。就是说，让他不要忘了去西方极乐世界。

回光返照之际，苏轼微笑着说：“西方不无，但个里著力不得。”什么意思呢？就是说，我尊重佛教，尊重有西方极乐世界，但那不是我要去的地方。我是一个儒生，我的人生取舍在这里。

钱世雄急忙说："固先生平时履践至此，更须著力。"钱世雄说，平常您不是喜欢谈佛理吗，跟许多大德高僧不都是好友吗，怎么最后不去西方极乐世界？

苏东坡最后提了一口气，说出四个字"著力即差"，然后声绝而逝。

可见如此擅长佛老之学的苏东坡，临终之际并非只求个人的解脱，他的内心深处，始终像所有儒家的知识分子一样，装着家国，装着天下。

这说明了苏东坡作为一个儒生最后的立根选择。

苏东坡交往的朋友非常多，他的朋友圈可以称得上天下最具有包容性的朋友圈。可他终究还是儒家正宗，是一个标准的中国知识分子。

苏东坡之所以称韩愈"文起八代之衰，而道济天下之溺"（苏轼《潮州韩文公庙碑》），不仅是说韩愈领导了古文运动，更是因为他坚持儒家正统。韩愈为什么"夕贬潮阳路八千"，为什么"雪拥蓝关马不前"？就是因为写了一篇《谏迎佛骨表》，旗帜鲜明地举起了儒家道统大旗。

苏轼表面上不像韩愈那样剑拔弩张，但他内心始终有坚守，他的根还是在儒家正宗。宋代文坛真正的领袖，像范仲淹，像欧阳修，也都是始终坚持儒家正统的。而苏轼，在人生最后时刻之所以如此选择，正因为他是一个"穷则独善其身，达则兼善天下”的儒生，因为他是一个追求“太上立德，其次立功，其次立言”（《左传·襄公二十四年》）之“三不朽”的士大夫，因为他是一个“为天地立心，为生民立命，为往圣继绝学，为万世开太平”（张载《横渠语录》）的中国知识分子精神的楷模。

这就是苏轼，这样的人生哲学才能够跨越千年，直指当下。他身上的那种“独立之精神，自由之思想”，他心中的那种“眼前见天下无一个不好人”的仁爱与博爱，使他的生命力量可以跨越千年，不止属于一个时代。

所以，苏轼的生命哲学与生命境界，竟是如此的通透——至高处，让人高山仰止；澄澈处，仿佛如在目前！

为什么会有这样至高至纯的人生境界？

是因为他从未泯灭那颗赤子之心，正是这一片赤子之心才让他的生命哲学达到了通透之境。

如此一来，不论哪一家，哪一派，哪一时代的人们，都可以在这个亲切的巨人身上，都可以在东坡居士浑然天成的生命智慧里，汲取养分，从而一窥中国文化的最高境界，从而实现自我的心灵解放。

所以，人人都爱苏东坡！

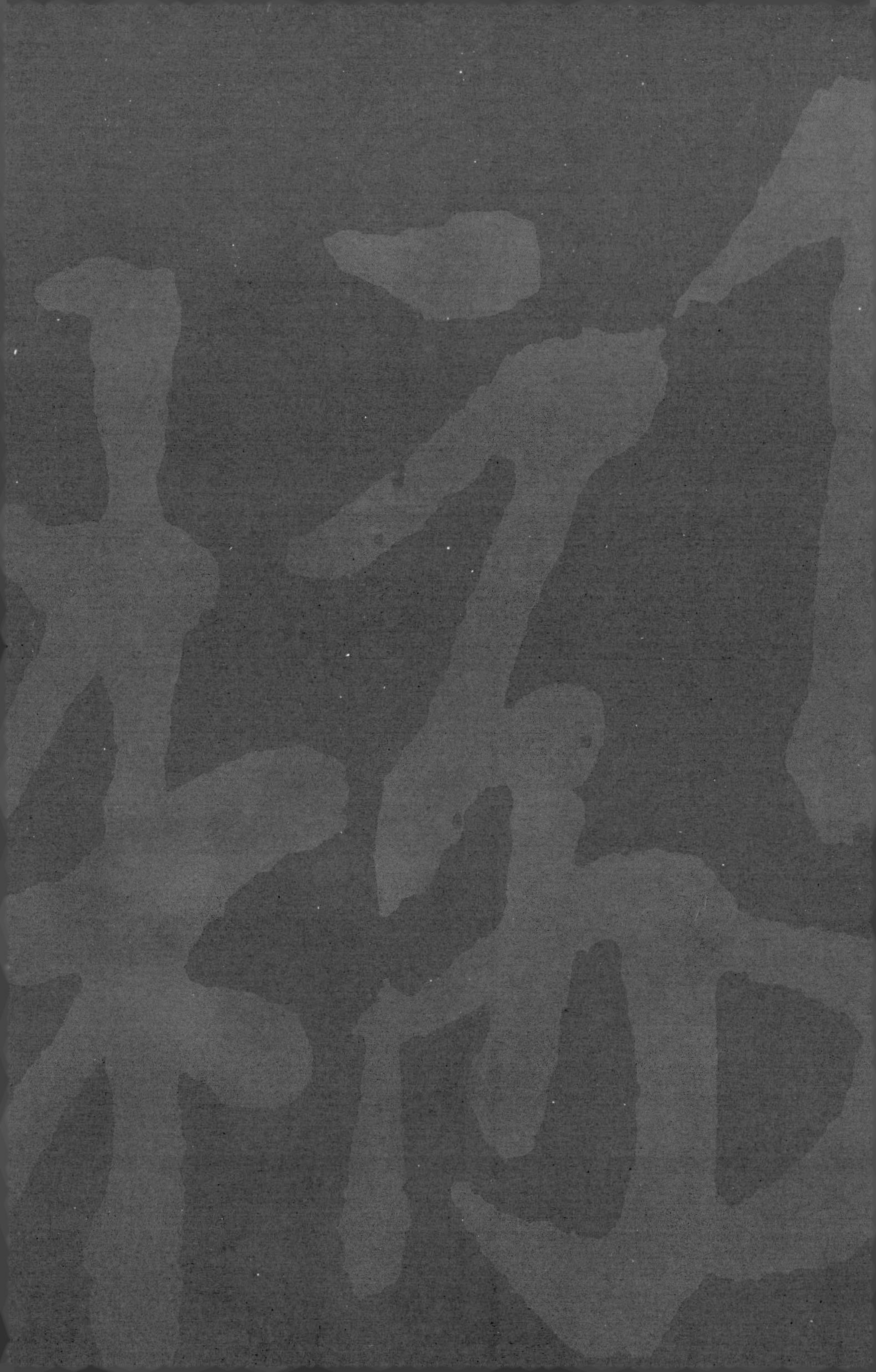

苏辙

张方平初见苏轼、苏辙兄弟，将苏轼视为“国士”，可又为什么断言苏辙的成就将来“或可过之”？

北宋党争中，蜀党以苏轼、苏辙兄弟为领袖，而苏辙的作用为什么还要大于苏轼？

苏轼因为“乌台诗案”入狱，九死一生的危急时刻，苏辙是如何想尽办法营救兄长的？

苏轼一生颠沛流离，为什么一生不忘与弟弟苏辙的“夜雨对床”之约？

苏辙后来被贬广东雷州，苏轼被贬海南儋州，人生最后一别时，兄弟二人都相互嘱托了些什么？

相较于苏轼的耀眼夺目，苏辙又具有怎样独特的个人魅力？

安静的“愤青”

从某种意义上可以说，苏轼的人生光彩实在太过耀眼，在他的身边，哪怕是自带天才光环的人，也很容易被遮掩。

事实上，苏轼的弟弟苏辙就是一个天才，而且还是一个安静的天才，而他的天才光环也确实容易被世人所忽视。

首昨日承
許
清安來日果
書頻為達々春寒千万

安静的天才

“三苏”并称始见于宋代王辟之所著的《渑水燕谈录》。书中记载说：

> **苏氏文章擅天下，目其文曰三苏。盖洵为老苏、轼为大苏、辙为小苏也。**

可以说，“唐宋八大家”之中，最风光的是“一门三苏”的苏家。苏洵、苏轼、苏辙父子三人，几乎占了半壁江山。而在“三苏”中最耀眼的，必然是天纵奇才的苏轼苏东坡。因为苏轼的名气实在太大，以至于后人常常会忽略了才华其实并不在其兄之下的苏辙。

苏辙（1039—1112），字子由，“唐宋八大家”之一，著有《栾城集》等行于世。擅长政论和史论，主要以散文著称。苏辙自幼与苏轼一起长大，一块儿读书，一同游玩，十九岁时与兄长苏轼一起高中进士，从此步入仕途，后来官至副宰相。

那么，年幼的苏辙是如何仰视着自己那个天生奇才的哥哥苏轼的？进京赶考的他，又是如何凭借一篇文章名震京城，使得朝堂上无人不知苏辙其人的呢？

在“三苏”里，苏辙无疑最容易被人忽略。这自然是因为他有一个光焰万丈的天才兄长。当然，因为有一个天才的哥哥，苏辙也确实有成为哥哥“影子”的危险。苏辙比苏轼小两岁多，事实上，在他小的时候，他就天天跟着自己的天才哥哥，是哥哥的跟屁虫。

苏辙后来在《武昌九曲亭记》中回忆说：

> **昔余少年，从子瞻游，有山可登，有水可浮，子瞻未始不褰裳先之。**

苏辙年少时，跟随苏轼游览各地。走到哪儿见到好山好水，哥哥神采俊逸，一撩衣服，就先去了。他却总是要愣个半天才反应过来，然后跟在哥哥后面，做哥哥的小尾巴。

前此反复提及，苏轼十岁时受教于母亲程夫人，尤其是程夫人教读《后汉书·范滂传》的故事，母子二人的表现，都实在让人动容。不过，笔者每读这个故事，便尤为感慨，既然苏轼和苏辙都是由程夫人启蒙，在家接受教育，那么在这个故事中，苏辙在哪里呢？为什么我们没有看到苏辙的影子？

此事虽见载于《宋史·苏轼传》，但第一手文献却是来自苏辙为哥哥亲笔撰写的《亡兄子瞻端明墓志铭》：

公生十年，而先君宦学四方。太夫人亲授以书，闻古今成败，辄能语其要。太夫人尝读《东汉史》至《范滂传》，慨然太息。公侍侧曰：“轼若为滂，夫人亦许之否乎？”太夫人曰：“汝能为滂，吾顾不能为滂母耶？”公亦奋厉，有当世志，太夫人喜曰：“吾有子矣！”

苏轼生于公元 1037 年 1 月 8 日，而苏辙生于公元 1039 年 3 月 18 日，兄弟年龄相差不过两岁多一点而已。而且，兄弟二人年少时常常一起游玩，一起学习，可谓形影不离，一起长大。苏辙说：“手足之爱，平生一人……寒暑相从，逮壮而分。”（苏辙《祭亡兄端明文》）也就是说，作为“目击证人”，幼年的苏辙正是因为就在现场，所以多年以后才能在深情缅怀兄长之时，细数过往，记下哥哥与母亲的经典问答，让人读来，如在目前。

所以，苏辙那时候是跟着哥哥一起听程夫人讲故事、讲历史的。就是说，不论读书、学习，还是出去玩，苏辙都跟哥哥须臾不离。显然，苏母对苏轼那些至关重要的启蒙教育，苏辙同样是受教者、受益者。不过千百年来，无数人津津乐道于苏轼与程夫人互以明志的经典问答，却很少有人会注意到另一个问题：如此经典时刻，那个同样位列“唐宋八大家”之一的苏辙，那个同样是天才的弟弟，又在哪里？

答案是：他，就在那里！

只是他属实太过安静，安静到让人忘记他的存在，让人忘记他也是一位不世出的天才。

苏辙身上这份独有的安静，从小到大，甚至到老，可以说是贯穿一生之始终。苏轼的及门弟子，也是位列“苏门四学士”的张耒，曾经钦佩地说起自己的这位师叔：“某平生见人多矣，惟见苏循州不曾忙。……虽事变纷纭至前，而举止安徐，若素有处置。”（张耒《明道杂志》）

在北宋变法、党争，甚至士大夫相互倾轧的时局下，“不曾忙”是一份极为难得的从容与笃定。在张耒看来，这不仅是自己的老师东坡先生所不能及的，也是那个文人政治的时代里绝大多数喜欢自我标榜的知识分子所不能及的。而苏辙的这份从容与笃定，正是来源于他身上那份独有的安静。

兄弟二人初入仕途时，苏辙在京照料父亲，苏轼则赴陕西凤翔府任签判。

苏轼不像弟弟，他生性好动。有一次苏轼游终南山，访求到一处很幽静的自然景观，叫玉女洞。他在玉女洞中发现了一道清泉，尝后只觉甘美清洌，以之煮茶，更是回味无穷。

苏轼喜欢品茶，对茶道也颇有讲究，回到府衙后念念不忘，便令手下差役定期前往终南山中取此泉水。可等差役取来泉水，苏轼却觉味道大不如前。他怀疑差役偷懒，于是仿效兵符，亲自用竹片做了一对“调水符”。半块放在山中交好的道士那里，让衙役拿着半块“调水符”取好水后换回另一半。如此循环往复，就可以保证衙役无法偷懒了。

但即便如此，苏东坡喝来喝去，发现水还是不对味，感觉差役所取泉水依然大不如前。年轻气盛的苏轼难免怀疑差役还是作假，于是写了首名叫《调水符》的诗，感慨人心不古。

苏辙知晓此事后，随即和了一首《和子瞻调水符》。

诗云：

多防出多欲，欲少防自简。
君看山中人，老死竟谁谩。
渴饮吾井泉，饥食甑中饭。
何用费卒徒，取水负瓢罐。
置符未免欺，反覆虑多变。
授君无忧符，阶下泉可咽。

他开门见山地指出，“多防出多欲，欲少防自简”。苏辙说，你为什么这么防着人家？是因为你自己欲望太多了。欲望没有那么多，自然就不用提防了。你自己欲望少点，内心通透，无欲则刚，别人如何骗你？骗从何来呢？其实，只要放下欲望，身边的泉水就可以饮用了。

千里之外在书斋里静守的弟弟苏辙不仅委婉地对苏轼的做法提出了批评，还打趣地跟哥哥说，你的那个调水符没用，我给你一个“无忧符”吧。只要心头有无忧符在，无须去终南山中，哪里的泉不是好泉？哪里的泉水不可下咽？

从这个故事中，我们已经隐约可以看到，苏轼有强烈的入世心，而苏辙虽然比苏轼年轻，却已经把人生看得通透，有出世心了。

一道调水符，让天性好动的哥哥形象跃然纸上。

一道无忧符，让安静自守的弟弟形象如在目前。

后来，到了哲宗亲政之后，苏轼、苏辙兄弟与大多数旧党核心成员一样，被新党一再打击，一再贬谪。苏轼先后被贬广东惠州、海南儋州，苏辙则与哥哥隔海相望，被贬到广东雷州，后又被移至循州安置。

在这段最逼仄的人生岁月里，天性豁达的苏轼依旧不改“不可救药的乐天派”本色，迅速地与当地的士人、农人、僧人、道人，甚至逸人隐士，打成一片。他永远不缺朋友，甚至在北宋各种颇具特色的“朋友圈”里，东坡先生都可以牢牢占据“群主”的地位。但这份热闹，也着实为他惹下不少祸端。

较之苏轼，苏辙在贬谪岁月里却愈发地“安静”起来。

他在《次韵子瞻和渊明拟古九首》其一中说，自己在贬谪之地，“闭门不复出，兹焉若将终。萧然环堵间，乃复有为戎”。又说“世人欲困我，我已长安穷。穷甚当辟谷，徐观百年中”。这真是“此心安处”犹胜“吾乡”了。

因为能安于处困，能安静自守，所以从学术的角度看，苏辙的成就是要超过苏轼的。

苏轼、苏辙作为标准的儒生，诗词歌赋之外，于经史研究上著书立说，乃是应有之义。况且这还是父亲苏洵的遗命。苏洵虽未登第，但作为八大家中的“思想家”，亦以一代大儒自命，所以他曾立下穷治经史的宏愿，并希望在自己身后，两个杰出的儿子能继续这一伟业。

文学与艺术创作，主要依靠天赋与灵感，可是治学一途，却需要“板凳一坐十年冷”的坚忍与安静。

以苏轼之天纵奇才，毕生不过完成《易传》《书传》《论语说》，共二十七卷。苏辙则在贬谪岁月中笔耕不辍，共完成《诗集传》《春秋集解》《老子解》与《古史》，多达九十四卷。另著有《论语拾遗》与《龙川略志》《龙川别志》。尤其是《古史》一书，针对司马迁《史记》进行考辨爬梳，既有拾遗补阙之功，也是义理之学兴起后儒家治史观的典型代表。所以旧党文人中，若论经学功底，苏辙可称翘楚；若论史学功底，苏辙大概仅次于写下《资治通鉴》的司马光。

有趣的是，在当初那场著名的制科考试中，最早力挺那个看上去一点也不安分，甚至实属愤青的青年苏辙的人，也是司马光。

为什么苏辙这样安静的天才，居然也曾经是不安分的“愤青”呢？

一鸣惊人

嘉祐二年（1057），苏辙随父兄一起入汴京参加省试，并与哥哥一起高中。

这次考试中苏轼以一篇《刑赏忠厚之至论》，获得主考官欧阳修的赏识，甚至说要让他出一头地。欧阳修还表示自己老了，将来的文坛领袖就是苏轼，甚至跟自己的儿子说，再过几十年就没人知道我欧阳修，天下都要说苏轼了。可见苏轼一举成名，名声大噪。可在四年后更为关键的制科考试中，苏轼虽然得了“百年第一”，风头却要逊苏辙远矣。苏洵和苏轼虽然在社会上影响非常大，但实际上在朝廷中影响最大的反而是苏辙。

这就要提到苏轼、苏辙兄弟俩参加的那场制科考试了。

制科又称大科、特科，是为选拔“非常之才”而举行的不定期非常规考试。北宋制科考试选拔非常严格。北宋一朝通过科举录取文士多达数万人，而成功通过制科考试的不过数十人而已。

苏轼、苏辙兄弟参加的这次制科考试名为“贤良方正能直言极谏科”。

在考试前还发生过一段有趣的小插曲。

制科考试在即，宰相韩琦突然来找仁宗，要求将考试延迟数日。仁宗问及原因，韩琦说，应试中有苏轼、苏辙兄弟，为不可多得之人才。苏辙偶感风寒，正在病中，为不错失人才计，特请将考试延迟数日，以待苏辙病愈。

仁宗雅量高致，居然答应了韩琦的请求。于是，由皇帝亲自主持的国家最高规格的考试，只为年轻的苏辙，便推后了数日。

想来省试后，十九岁的苏辙上书韩琦的那篇元气满满的千古名作《上枢密韩太尉书》，大概给这位名相留下了极为深刻的印象。

北宋时期，有一个不成文的规定，就是如果有朝臣向皇帝举荐，考生的排名即使靠后一些，也有机会提前授官。韩琦虽是武将，却不是普通武夫，他弱冠之年就高中榜眼，文采斐然。同时，他掌管大宋兵马，非常受器重。当然，最重要的是他还特别喜欢保荐能人贤士，范仲淹就是他举荐的。

《上枢密韩太尉书》从“为文”的见解入手，开篇便提出了“以为文者气之所形，然文不可以学而能，气可以养而致”的观点，然后谈自己养气的方法。除读书外，还应当寻访“天下奇闻壮观”，而得见太尉“可以尽天下之大观而无憾”，于是，求见韩琦之意就自然地表露出来。韩琦看后，非常赏识苏辙的才华。不过，世事难料，程夫人在这个时候去世了。父子三人回家奔丧，苏轼、苏辙两兄弟要守孝三年，求官之事也只能暂时作罢。四年之后，韩琦以另一种形式向朝廷推荐了苏辙，可以说苏辙当年写的自荐信，此刻居然发挥了不可思议的作用。

过了数日，苏辙痊愈，元气满满，与哥哥苏轼一起参加了制科考试。

考罢，苏轼骄傲地说，自己“直言当世之故，无所委曲”（苏轼《应制举上两制书》），以为自己的批判力度，应该是当世无匹。但其实他只是详列“陛下之所忧”者数十条，虽然切中肯綮，但就批判力度而言，这位哥哥完全想不到他的弟弟可以达到什么地步。

苏辙的《御试制科策》直指当朝天子，一下子在朝堂上掀起轩然大波，原因就在“直言极谏”，就在批判力度。

苏辙笔落惊风雨，直斥宋仁宗有四大缺陷。

首先是性格缺陷。苏辙说，“古之圣人，无事则深忧，有事则不惧”，而陛下您倒好，刚好相反，是“无事则不忧，有事则大惧”，这样的性格怎么能成就伟业呢?

其次是作风问题。苏辙直言仁宗皇帝“自近岁以来，宫中贵姬至以千数，歌舞饮酒，欢乐失节”，并以历史上六个著名的昏君作为仁宗皇帝“沉湎于酒，荒耽于色”的参照系。

当然，苏辙还加上了一句“窃闻之道路”，也就是说，关于仁宗沉湎于酒色，他也只是道听途说。

可只是道听途说，就能骂这么狠，当时天下，大概也就苏辙一人。

三是滥用民财。苏辙认为民为邦本，而如今赋税繁重，民力不堪负累，而仁宗却以“宫中无益之用”虚耗民财，而且毫不节制。

四是爱慕虚名。苏辙先是将庆历新政无疾而终的责任全推到仁宗身上，指责仁宗庆历之后，暮气沉沉，无所作为。进而，又推断仁宗即便在庆历年间劝课农桑，兴办学校，后来又派使者巡视天下，“不过欲使史官书之，以邀美名于后世耳”。

宋仁宗赵祯是中国历史上第一位庙号“仁宗”的皇帝。儒家思想的核心就是一个“仁”字，能首称“仁宗”，可见赵祯的众望所归，亦可见其历史评价之高。大思想家王夫之曾在《宋论》中评价说：“仁宗之称盛治，至于今而闻者羡之。帝躬慈俭之德，而宰执台谏侍从之臣，皆所谓君子人也，宜其治之盛也。”

宋仁宗的自律与节俭，宽厚与仁慈，在历史上是出了名的。

苏轼兄弟的好友王巩作有《闻见近录》，文中说自己的父亲王素做谏官时，有一位名叫王德用的大将，悄悄给仁宗献上了几位美女。王素甚不满，跑去当面质问。

仁宗说：“这是宫禁之事，你如何得知？”

王素严肃地说：“臣的职责就是听天下舆论，确有其事的话，陛下就要改正。”

仁宗闻之笑曰：“朕是真宗的儿子，你是真宗宰相王旦的儿子，我们有世代的交情，与他人不同。所进美女，确有其事，就在朕的左右，如今已甚为亲近，且留之如何？”

王素却不跟皇帝论交情：“倘若那些美女跟陛下疏远，留之也罢。臣之所以劝谏陛下，正是怕她们亲近啊！”

仁宗闻之动容，遂叫来近侍太监，将美女尽数遣送出宫。

与苏轼弟子黄庭坚同列江西诗派“三宗”之一的陈师道作有《后山谈丛》，其中记载了一则仁宗吃蛤蜊之事。

某年初秋，有地方官员第一次进贡蛤蜊这种新鲜美食至京师。仁宗问：“其价几何？”答曰“每枚千钱”。仁宗见有二十八枚蛤蜊，就很不高兴地说：“我常戒尔辈为侈靡，一下箸费二十八千，吾不堪也。”到底还是没吃。

宋人朱弁《曲洧旧闻》记载，仁宗天性节俭，喜欢穿旧衣服。宫中嫔妃看仁宗的衣服实在太旧了，私下里换了新衣服来。仁宗只要听声音就知道是新的，推辞不用，还是要穿旧的。这样的旧衣服，反复洗过之后，“随破随补，将遍犹不肯易”。当周围的人把补过的地方指给他看，有的还暗暗发笑，仁宗却也并不在乎。

宋人施德操《北窗炙輠录》记载，仁宗闲来无事，有时会与宫中的侍从们赌博玩乐。有一次，他刚拿出一千钱就输了。他拿起一半就想开溜，侍从们都笑着说："官家太穷相，又惜不肯尽输。"仁宗却回答说："汝知此钱为谁钱也？此非我钱，乃百姓钱也。我今日已妄用百姓千钱。"

还有一天夜里，仁宗听到远处传来音乐歌舞的声音，就问："哪里这么欢乐啊？"侍从说："是宫外酒楼上的民间百姓。"另有侍从说："圣上，您听听，宫外面都这么热闹欢乐，哪像我们这里，冷冷清清的。"仁宗说："你们知道吗？正因为我这里这么冷清，他们才能这么欢乐。如果换一下，我像他们那样寻欢作乐，他们可就要冷冷清清啰！"

施德操行笔至此，深深感慨："呜呼，此真千古盛德之君也！"

所谓细节处见真性情，仁宗此类感人的生活细节，史料中实在不胜枚举。

况且，宋仁宗十三岁登基，在位共四十二年，是两宋在位时间最长的皇帝。而这时已是五十二岁的世所公认的圣明之君，却被一个二十出头的小伙子如此批判，甚至是诽谤，真可谓一石激起千层浪。

苏辙落笔时，只管激扬文字，快意于"直言极谏"，等策文交上去，也觉得自己已然无望。

果然，朝堂上已因他这篇《御试制科策》吵成一团。

负责考试的考官胡宿认为，苏辙的指控实在是对皇帝赤裸裸的诽谤和攻击，况且还以历史上的昏君比类仁宗，实在是大逆不道。胡宿力主黜之，将苏辙列为五等。

参与复试的司马光却不这么认为。他上奏仁宗说："文辞如何，臣不敢言，但见其指陈朝廷得失，无所顾虑，于四人之中最为切直。今若以此不蒙甄收，则臣恐天下之人皆以为朝廷虚设直言极谏之科。"司马光击节赞赏，说年轻人了不起，批判力度连我这骨鲠老臣都感到惭愧。他甚至主张给予苏辙制科考试的最高等——第三等。

录取官司又打到三司，三司也是挨了苏辙骂的。主管三司的蔡襄感慨地说："苏辙骂我，一部分批评得过了，大部分却正中三司之弊。"面对苏辙此文，蔡襄的态度居然也是"吾愧之而不敢怨"。

宋代制科考试共分五等，一、二等完全是虚设，第三等就是实际的最高等，第五等则意味着未能通过考试。《宋史》记载："自宋初以来，制策入三等，惟吴育与轼而已。"就是说，在此次制科之前，只有一位叫吴育的得过"第三次等"的成绩，而苏轼此次最终被评为"第三等"，所以后来人称"苏贤良"，又赞他是大宋"百年第一"。

可苏辙此文，则实在出人意料。胡宿主张第五等黜之，司马光主张评为第三等，另一位考官范镇主张第四次等。

仁宗不愧是“仁”宗，即便被苏辙“骂”得如此之惨，他却最后表态说：“吾以直言求士，士以直言告我。今而黜之，天下其谓我何？”又说：“朕设制举，本待敢言之士。辙小官，如此直言，特与科名。”

在仁宗拍板定调之后，又经朝臣一番讨论，苏辙这篇可谓冒天下之大不韪的《御试制科策》最终被判为第四次等。后世毕沅作《续资治通鉴》，记载了这次有名的制科考试，更是独独将苏辙此文节选部分，载入史册。

仁宗甚至在下朝回到后宫时，还高兴地对曹皇后说，我今天为子孙选了两个宰相之才啊！说的就是苏轼、苏辙兄弟。

那么问题来了。

仁宗怎会大度如此？

一向“安静”自守的苏辙为什么会表现得如此“愤青”？

而这样“愤青”的苏辙，为什么又会得到司马光、蔡襄等名臣的高度认可？

有两个原因。

一是对于知识分子而言，年轻时不“愤青”，说明缺乏责任感；年老时还“愤青”，说明缺乏理性精神。

二是北宋王朝到了瓶颈期，到了危机四伏的前夜，到了需要“鲶鱼”与“愤青”的时间节点。

至于苏辙的责任感，留待下章再叙。北宋王朝的发展进入瓶颈期，已是当时朝堂上君臣们的共识。

宋太祖赵匡胤以殿前都点检、归德军节度使的身份，发动陈桥兵变，黄袍加身，建立了大宋王朝。故而，赵宋王朝以己度人，从最初的顶层设计与制度建设上，就严重地重文轻武，又层层分权，相互制衡，从立国之初，就“防内”远甚于“防外”。这造成两个极其严重的后果。

一者于外，不论是军事还是外交，长期处于弱势。西夏、辽、金、元，每一个都是大宋的噩梦。

一者于内，文臣与武臣之间，文臣与文臣之间，内耗成了常态。宋朝在中国历史上是难得的没有宦官乱政、外戚专权与藩镇割据的时代，但朝廷内部的内耗导致的“窝里斗”却几乎可称史上之最。由此引发的“三冗”，即冗官、冗兵、冗费，其实只是表象。

因为顶层设计的先天缺陷，大宋的统治者看不到症结所在，只知道面对“三冗”，充满了危机感与紧迫感。

仁宗庆历年间，由范仲淹领导的“庆历新政”，即试图从解决冗官、冗员的角度入手，进行改革破局。孰料人事问题最为棘手，庆历新政上来就去啃最难啃的骨头，结果可想而知，不仅很快就“人去政消”，还加剧了士大夫阶层的分化与结党之势。

神宗时期，王安石变法，则是想绕过庆历新政的“坑”，直接从解决看上去最容易的冗费问题入手，以图迅速破局。孰料党争之势已成，王安石的变法不仅避不开这个大“坑”，反而一头栽进坑里，为北宋文人党争火上浇油。

可惜一个时代的精英们，身在局中，只见树木，不见森林。但他们的危机感与紧迫感，却是真实存在的。所以，仁宗朝在经历庆历新政改革的失败之后，于制科突出“直言极谏”，不仅是需要直臣与诤臣，更是本能地渴望出现“搅乱一潭死水”的“鲶鱼”，而一个苏辙这样的“愤青”的出现，则让人看到了“鲶鱼效应”的希望。

司马光看得准，苏辙虽批评过激，但他不是在拆台而是在补台，“独有忧君爱民之心”。

宋仁宗也眼明心亮，看出了苏辙“愤青”之本质：“而辙也指陈其微，甚直不阿。虽文采未极，条贯未究，亦可谓知爱君矣。朕亲览见，独嘉焉。其以辙为州从事，以试厥功。”

仁宗识苏辙为宰相之才，可惜他却等不到那一天了。接下来，该是谁来“以试厥功”了呢?

答案竟然是与三苏父子一贯不对路的“拗相公”——王安石。

再鸣惊世

熙宁变法，又称“王安石变法”或熙丰变法。其始于宋神宗熙宁二年（1069），终于元丰八年（1085）宋神宗离世。

作为熙宁变法的主导者，王安石与三苏父子的纠葛不可谓不深。

先是三苏父子入京，名满天下之际，双方就彼此看不上眼。苏洵以为王安石“囚首丧面”，他日必惑乱人主。王安石则以为三苏父子的文风绝类战国纵横之士，盛名之下，其实难副。故而，双方虽然都与文坛盟主欧阳修交好，但却彼此并无交集。

真正产生交集的时刻，反倒是因为苏辙的那篇《御试制科策》。当仁宗拍板，苏辙最终被定为第四次等且被授官后，时任知制诰的王安石却不肯为苏辙书写政府任职敕命。王安石的理由居然是苏辙策问之文“专攻人主”。

宰相韩琦听后，啼笑皆非，知道王安石是有名的拗脾气，也不与之争辩，只得另外找人书写。此次制科考试后，苏轼以第三等“百年第一”的成绩，授大理评事、签书凤翔府判官。苏辙则以第四次等的成绩，“试秘书省校书郎，充商州军事推官”。苏轼不日上任，苏辙却因父亲年迈无人照料而向朝廷辞官不就，留在汴京，照料父亲。

在苏轼初入官场意气风发的日子里，苏辙又回到了那个“安静的弟弟”的形象，安静得让人迅速忘记了这个曾经掀起制科考试滔天风浪的“愤青”的存在。

宋英宗治平三年（1066），苏洵病逝，苏轼、苏辙兄弟扶柩还乡，守孝三年。三年之后，苏轼、苏辙兄弟还朝，两人回到汴京时，正是熙宁二年。

此时，因为宋神宗的绝对信任与全力支持，由王安石主导的变法改革已如箭在弦上，势在必行。为了避免重蹈庆历新政的覆辙，王安石在人事问题上刻意绕开权力部门，新设了一个制置三司条例司，该司后来成为事实上的改革领导机构。

苏轼、苏辙兄弟回到朝中，作为青年官员，各有上表。尤其是苏辙的上表，竟然让王安石眼前一亮。

苏辙向神宗皇帝建言，面对“三冗”危机，当务之急，首在理财，以解决冗费问题，以此破局，方能摆脱恶性循环。

神宗非常认可苏辙的观点，甚至专门召对苏辙于延和殿。王安石亦觉苏辙不像他的父兄那般迂腐，于是放下过往纠葛，将苏辙调入制置三司条例司任检详文字。

检详文字相当于制置三司条例司的核心机要文字秘书。三司条例司作为变法的领导机构，首要功能就是各种新法的颁布与施行。而所有新法的颁布，必经检详文字的审核与校勘，权力不可谓不大。

当时的三司条例司中有两大检详文字，一是苏辙，一是王安石的心腹吕惠卿。

一天，王安石将苏辙请至家中，在座的还有吕惠卿。王安石取出一部新法草稿，先给苏辙看，然后再交给吕惠卿。这部新法就是熙宁变法中最为核心，也最为有名的青苗法。

苏辙观其文风、用语，便知是吕惠卿手笔。吕惠卿也是嘉祐二年进士，与苏轼、苏辙兄弟同榜，但却并不曾被推荐参加制科考试。

吕惠卿在《宋史》中以忘恩负义出名，尤其是后来王安石失势后立刻转身将其出卖的行径最为人不齿。出卖与背叛的另一面，往往是阿谀与谄媚。吕惠卿尤其擅长揣摩上意，所以他此时所言、所行俱投王安石所好，全无个人主张。

苏辙知是吕惠卿所书，也不点破，就其草稿，条分缕析，逐条批驳。吕惠卿当场面红耳赤，不作一语。

王安石见苏辙说得句句在理，也不好发作，只得将草稿交还吕惠卿，命其重新起草。

先是青苗法，然后是募役法，还有方田均税法，王安石最为看重的几条新法，在一开始草拟时都被苏辙找出大量问题。

在吕惠卿的撺掇下，王安石对苏辙的态度急转直下。年轻的苏辙却坚持自己的原则，半分都不退让。到最后，苏辙针对新法，写了一篇“大论文”——《制置三司条例司论事状》，上呈神宗皇帝，一针见血地指出新法的种种问题。

王安石为之大怒，苏辙作为他亲自任命的三司条例司的检详文字，却如刺头一般攻击新法，让他感到颜面尽失。

苏辙也自知无再留之理，遂在上呈《论事状》的同时，自请外任。王安石立刻将苏辙赶出京师，贬为河南府留守推官。此时，益州知州张方平已调任陈州知州。于是，在张方平的邀请下，苏辙赴任陈州教授，担任学官。

此后，苏辙一直在地方任些小官。整个神宗朝十余年间，苏辙作为标准的“旧党”成员，一直备受打压。

那么，苏辙为什么一开始表现得像一个“新党”，甚至还加入了新党的大本营制置三司条例司，并被王安石委以重任？

为什么作为制置三司条例司的检详文字，苏辙却要一而再，再而三地跟王安石唱反调，以至于让人感觉他这个检详文字像是“无间道”？

其实，平心而论，年轻的苏辙与很多“为反新法而反新法”的旧党成员绝不相同，甚至和他那个天纵奇才的哥哥也不一样，他上书神宗，提出“理财”的主张，乃至最后加入制置三司条例司任检详文字，完全是出于他作为一个知识分子的独立思考与变革主张。

表面上看，苏辙仿佛不改数年前的“愤青”本色，处处在与王安石做对，但实际上，他与王安石的殊途同归又分道扬镳，其实是有着内在的合理性与必然性。

首先，苏辙虽属旧党，却有着鲜明的变革倾向与思想。这是他与王安石能够殊途同归的关键所在。

司马光与蔡襄在制科考试中之所以欣赏年轻的苏辙，不光在于看似“愤青”的苏辙敢于“直言极谏”，更在于他们看到了这个年轻人身上的锐气，以及一种潜藏的变革精神。

大宋王朝到了发展的瓶颈期，内部越来越沉重的“三冗”压力与外部辽与西夏虎视眈眈的军事威胁，让这个时代的精英们有种普遍存在的危机感。连性格温和、长于守成的宋仁宗都能在庆历年间主动推出新政，可见变革的呼声已经充满朝堂。

可是如何变？从哪里变起？具体如何操作？如何执行？看似简单，其实又是最难的问题。

以范仲淹巨大的政治声望，在较好地解决了西北军事威胁的良好外部环境下，况且还有韩琦、富弼、欧阳修、蔡襄、王素、杜衍等一众精英的加盟，“庆历新政”也不过仅延续两年便告失败。

范仲淹大刀阔斧推行庆历新政时，曾留下“一笔勾销”的成语与佳话。

为了改革顺利推进，范仲淹充分发挥了他大勇的品格，加大了对腐败官员的清查力度，并亲自领导反腐败运动。据史料记载，对腐败分子，他一经查实，就在名册上勾去姓名，撤掉其职务，绝不姑息。当时的副宰相富弼总是劝他不必如此刚正，说大人你这样一笔下去，就是一个家庭乃至一个家族的灾难。

范仲淹却回答说，我这一笔不勾下去，可就是一路一省百姓的灾难啊。

在范仲淹雷厉风行的改革措施下，北宋政治面貌为之一变。可是，因为改革动了既得利益集团的奶酪，他们想尽办法反扑，开始不择手段地对改革派造谣中伤，甚至人身攻击。在既得利益集团的恶毒攻击下，先是滕子京于庆历四年（1044）被贬官到岳阳，继而到了庆历五年，范仲淹也受到攻击并被贬官。范仲淹的离开，标志着宋代历史上第一次重要的改革运动——庆历新政的失败。

可以说，冗官、冗员问题牵涉大宋“文官政治”的立国根本，新政阻力之大，难以想象。

王安石鉴于此，试图绕开人事问题。加之他曾在地方上试行过青苗法，于是提出“民不加赋而国用足”的口号，一下子就打动了以“富国强兵”为变革宗旨的神宗皇帝的心。

苏辙提出的“先理财，后变革”的思路，不仅与王安石变法的战略方向吻合，甚至还更进一步。

当时的北宋，虽然国家财政岌岌可危，但属于典型的藏富于民。士大夫阶层与百姓的富裕程度，总体而言，在整个中国封建时代，都是领先的。这一点，有大量的经济史学数据与历史文献为证。故而苏辙主张在前代成熟的常平法的基础上，进行“开源节流”式的理财，其实就操作层面而言，是非常可行的。可惜，神宗的热切盼望，王安石的急于求成，最终使一切成为泡影。

其次，苏辙的政治出发点是“务实而不偏执”。这是他与王安石最终分道扬镳的关键所在。

王安石放下对苏氏父子的成见，力邀苏辙进入三司条例司，这固然可以看出王安石作为政治家的胸怀。年轻的苏辙并无半分犹豫，在兄长与司马光、欧阳修等人还在作政治观望时，就毅然加入三司条例司任检详文字，这也可以看出苏辙的责任与担当——苟利国家，则无所不往。

可是，问题就在于，即便出发点都是好的，若不经小心求证，贸然行动、只求政绩的后果，则未必是利国利民的。

就比如说最有名，也是争议最大的青苗法。

青苗法在当时又被称为“常平新法”，从这名字不难看出它与传统的常平法既有延续、又有创新的关系。

传统的常平法是在丰年适当抬高价格籴米，防止谷贱伤农；在荒年适量降低价格粜米，平抑物价，赈济百姓，也就是“遇贵量减市价粜，遇贱量增市价籴”。

王安石颇具创意地打破了常规，灵活地将常平仓、广惠仓的储粮折算为本钱，以百分之二十的利率贷给农民，使他们在春耕时能扩大生产，同时缓和民间高利贷盘剥现象，最后又增加了政府的财政收入，实现“民不加赋而国用足”。

毫无疑问，这种构想是极其超前的，所以连列宁也称赞王安石是“中国 11 世纪伟大的政治家”。

可问题是，创意越是超前，实施起来就越应该小心谨慎。加之此前零星试点的样本又太不具备规律性的示范意义。苏辙虽只是一个年轻官员，却能洞若观火，一下子就看到了症结所在。

苏辙质疑青苗法：“以钱贷民，使出息二分，本以援救民之困，非为利也。然出纳之际，吏缘为奸，虽重法不能禁。钱入民手，虽良民不免非理之费；及其纳钱，虽富民不免违限。”

其一，百分之二十的利息太高了，恐怕有违惠民的初心。确实，即使在现代文明社会，二分利息也已属高利贷。

其二，最难在于执行。官僚系统从中央到地方都有其固陋与顽疾。尤其是地方基层官僚，往往会与地方豪强地主勾结，以至于连法令也拿他们无可奈何。现在朝廷确定二分利息，这就给地方做出了一个示范，所谓“雁过拔毛”，他们又怎会放过这样一个生财的机会？一定会层层加码，恶意摊派，甚至强制要求农民贷款，造成的恶果将不堪设想。

其三，即便完全如你所愿，老百姓拿到了政府贷款，但你也要考虑社会底层民众的基本素质。突然有钱后，即便是良民也无法抵抗挥霍的诱惑。等到大量民众无法还本付息，朝廷的压力与社会的不安定倾向可想而知。

后来的结果证明了苏辙眼光有多准，看得有多远。

王安石急于全面推行青苗法，最大的问题果然来自基层官吏的执行层面。朝廷要求二分利息，地方则层层加码，后来最高甚至达到令人匪夷所思的百分之一百七八十的利息。有的地方官僚甚至与地主豪强相互勾结，沆瀣一气，把强制放贷当成崭新的生财手段，百姓因此民不聊生，土地兼并反而进一步加重。

所以，当王安石亲手提拔的郑侠冒死向皇帝献上《流民图》后，神宗看到民间惨状，也不禁落泪，不由对新法、对王安石产生了怀疑。王安石最终因此罢相。从青苗法的草案到《流民图》，不知罢相后的王安石是否曾想起过那个年轻的检详文字当年精准的预言！

王安石变法，不缺天才的构想，不缺最高权力的支持，不缺政治家的格局与气魄，甚至不缺破釜沉舟的勇气与智慧，独独缺少的就是务实与兼收并蓄。

最后，苏辙的主动请辞，还证明他是当时官场中难得的有原则、不投机的年轻官员。

平心而论，在熙宁二年，当时能够进入三司条例司的官员后来都成为迅速崛起的政坛新星。苏辙进入三司条例司任检详文字，资历可与后来迅速发迹的吕惠卿、章惇平齐。三人本是同年进士，且苏辙最为年轻，在制科考试后又最为耀眼，但凡稍具私心，只为仕途考量，哪怕只是随波逐流，也能平步青云。

可苏辙在上呈《论事状》后主动申请调离外放，这种毅然决然的不合作姿态与选择，比苏轼还要早上两年。这也可以让我们看出，这个安静天才的内心有种无可撼动的操守与坚毅。

那么，不论是在制科考试中掀起滔天巨浪的“愤青”苏辙，还是在熙宁变法之初让王安石也颇感头疼的“刺头”苏辙，与安静内守，与沉毅内敛，难道看上去不矛盾吗？

如果不矛盾，其内在的统一，又到底何在呢？

宰辅之才

苏轼外向，苏辙内向。

苏轼永远乐观，苏辙永远值得信赖。

林语堂先生认为，苏轼最可贵处，在于他永远是“无可救药的乐天派”。

而笔者以为，苏辙最可贵处，在于他身上有一种深切的责任感。

昔未有若此完者
一月予謫居高安
郄君出以相示予
然不能盡識其妙

责任感

苏辙相较于父兄，是一个安静的天才。但安静并不等于沉默，苏辙一旦发声，往往石破天惊，其让世人瞩目乃至惊骇的程度甚至远超苏轼。不论是制科考试中指斥仁宗，在朝堂上掀起轩然大波，还是在熙宁变法之初反驳青苗、募役诸法，让王安石也骑虎难下，苏辙的批判锋芒与耿介之气，让时人既出乎意料，又大为赞叹。

这样的苏辙与其安静内守的性格、沉毅内敛的气质又是如何统一的呢？

关键词有二：一是思想力，一是责任感。

首先，是思想力。

苏洵作为八大家中的“思想家”，在两个天才儿子的培养上，可以说具有绝大的智慧。

前此有述，在孩子行为与学习习惯的培养上，苏洵可谓“严父”；在学习兴趣与理性精神的培养上，苏洵可谓“名师”。这样带来的结果就是苏轼、苏辙兄弟既亲密无间、同气连枝，又各具“独立之精神，自由之思想”。

比如，一篇收入中学语文教材的名作《六国论》，是苏洵政论雄文的代表作。其实，这样一篇史论、政论雄文，出自“名师”苏洵给两个孩子的“命题作文”。也就是说，不仅苏洵作有《六国论》，苏轼、苏辙也各作有一篇《六国论》。

苏洵的《六国论》提出并论证了六国灭亡根源在于“赂秦”，这一精辟论点名为“论古”，实则“讽今”，暗喻大宋对辽和西夏行屈辱政策之短识，具有极强的现实意义。

苏轼的《六国论》通过对六国久存而秦速亡的对比分析，通篇强调了“养士”的重要作用，然后由“养士”而至人才观，体现了对历史规律的精准把握。

苏辙的《六国论》不同于父兄，牢牢站在六国的立场上论述六国的“自安之计”。通篇既有对“势”的规律性把握，又细致地着眼于“韩魏”关键性节点的技术分析，充满了六国抗秦的现场感与富有实操性的特色。

平心而论，三篇《六国论》各有特色，俱为名篇，难分伯仲。而在古代选文上最具“话语权”的《古文观止》则给出了一个出人意料的答案。

《古文观止》收苏洵文四篇，收苏轼文更是多达十七篇，苏辙只有三篇。可是，对于父子三人所写的三篇同题《六国论》名作，《古文观止》却只选入苏辙的《六国论》。这也可以说明，在同一论题下，苏辙虽然最为年幼，但思想的深度与力度，却一点也不逊于父兄，甚至有超越父兄之处。

其次，是责任感。

苏轼、苏辙兄弟情深，同气连枝，在文学创作上有很多同题之作。他们当年二次出川时，曾夜泊牛口渚，俱有一首《夜泊牛口》。

苏轼所见是农人“负薪出深谷，见客喜且售。煮蔬为夜飧，安识肉与酒”。他们日子虽然过得清苦，却也“儿女自咿嚘，亦足乐且久”，这种质朴，让苏轼不禁产生对隐逸之境界的向往：“谁知深山子，甘与麋鹿友！”

而苏辙的笔下却全是民生的疾苦。渔人是“水寒双胫长，坏裤不蔽股。日莫江上归，潜鱼远难捕”，而农人则是“稻饭不满盂，饥卧冷彻曙。安知城市欢，守此田野趣。只应长冻饥，寒暑不能苦”。

在苏轼的笔下，乡村虽然潦倒贫穷，却呈现出陶渊明诗中特有的清贫恬静的田园生活氛围。而在苏辙的笔下，同样的村落、同样的人物却显得萧瑟荒凉、穷愁凄苦。它没有苏轼诗歌那种安贫乐道的氛围，却充满了对民生疾苦的关爱与悲悯。

这是一种独属于知识分子的责任感！

所以，无论是制科考试中的“愤青”苏辙，还是熙宁变法之初的“刺头”苏辙，之所以会如此，都源于他年轻的身躯里所蕴含的深刻思想与勇于担当。这与平素无事时安静自守、沉毅内敛的苏辙，不仅并不矛盾，而且完全统一。就像火山，爆发前沉毅渊重，爆发时惊天动地。

当然，这样深具思想力与责任感的苏辙，也离不开父兄的影响与教育。

首先是有一个宽松、包容的良性成长环境。苏洵自不待言，其命二子同作《六国论》，而二子所论则远异其父，就说明苏洵的教育重在启发，鼓励独立思考，鼓励自由成长。即便是苏轼这位兄长，苏辙也回忆说“抚我则兄，诲我则师”，哥哥既是兄长，又是老师，永远是他尊敬和崇拜的对象。而亦师亦兄的苏轼对于苏辙，自幼也充满了鼓励与包容。

在苏轼十二岁的时候，家里送他们兄弟俩去学堂读书。苏辙瘦小，总是跟在哥哥的后面。

有一天，苏轼跟两个同年龄的孩子玩联句的游戏。

程建用先说：“庭松偃仰如醉。”

杨尧咨续曰：“夏雨凄凉似秋。”

苏轼接第三句：“有客高吟拥鼻。”

此时本该程建用再接，哪知道小不点苏辙突然冒出头来接道："无人共吃馒头。"

众人哄堂大笑，苏辙毕竟年龄尚小，心里想吃馒头便口上直说。可苏轼和程、杨二人却都说他接得妙，尤其是被老师目为天才的哥哥苏轼，一点也不觉得掉份儿，反而直夸弟弟。而在此后的一生中，综合来看，苏轼对苏辙总是夸耀与赞誉，反倒是苏辙对哥哥苏轼，除了敬仰与赞誉外，还经常有不少提醒、劝说，乃至批评。对于弟弟的提醒、劝说乃至批评，苏轼哪怕后来成为天下文宗，也都虚心接受。可见，来自父兄的呵护与包容，为苏辙的思想独立提供了一个最为理想的成长环境。

其次，是父亲的期许与苏辙自身的立志。

前面我们提到过苏洵那篇著名的《名二子说》。所谓知子莫若父，正是知道苏轼天纵奇才，从小时候起就个性太强，太过外露，天才的思想就像火花一样迸射，掩都掩不住，所以苏洵给他起的名，就是想时时提醒他要懂得收敛，做事情不要随着性子。为了强调这个意思，他提醒苏轼说："轼乎，吾惧汝之不外饰也。"并特意为之取字曰"子瞻"，就是希望苏轼做事说话不要冲动，能有"瞻望"之稳重。而对于苏辙，父亲苏洵却勉励说："天下之车，莫不由辙，而言车之功者，辙不与焉。虽然，车仆马毙，而患亦不及辙，是辙者，善处乎祸福之间也。辙乎，吾知免矣。”

这其实体现了思想家苏洵极为深刻的认识论。“天下之车，莫不由辙”，这是“辙”之于“车”必然的担当与责任；“而言车之功者，辙不与焉”，这是不求功利、不问成败的气魄与襟怀；“车仆马毙，而患亦不及辙，是辙者，善处乎祸福之间也”，这是但问耕耘、自有收获的豁达与超越。所以，对于老大苏轼，父亲的态度主要是提醒；对于老二苏辙，父亲的态度却主要是勉励。

果然，苏辙因为性格内向，谨慎自重，虽然受到哥哥命运沉浮的一些影响，在北宋文人党争中也有一些不如意，但总体上，他在旧党成员中的结局算是最好的。苏洵为苏辙的名也配了字，即“子由”，是“知所由来，无畏无惧”之意。看那车辙，就知道车子是由什么地方来，是怎么来的。所以，他对苏辙说，你只要由着自己的本心，放心大胆地去做就可以了。

这真是完美契合了华夏文明的本质。

华夏文明不同于西方文明，西方文明大多属于空间扩张性文明，而华夏文明则是典型的时间延续性文明。华夏文明最讲究薪火相传、知所由来。既以“辙”为例，在河南洛阳偃师的二里头遗址，近年发现了“中国最早车辙”，最明显的一条长达 3.3 米。二里头车辙的发现，一举将我国用车的历史上推至距今三千七百年左右，这亦可证明，在整个人类文明史中，中国是世界上最早发明车和使用车的国家之一。真如苏洵所说，“车仆马毙”，是“辙”永存。

因思想力与责任感而具备强大的行动力，正是父亲对苏辙的期望，也是苏辙一生既沉毅渊重，又笃行精进的根由所在。

所以，作为儒生的苏辙，其实是以孟子为人生榜样的。

他在《上两制诸公书》里曾自谦地说：“今辙山林之匹夫，其才术技艺无以大过于中人，而何敢自附于孟子？”但论读书、养气与人生立志，却坦露心迹说：“晚而读《孟子》，而后遍观乎百家而不乱也。”

苏轼、苏辙，名字都跟车有关，其实这是古人取名的风尚。比如，亚圣孟子名轲，字子舆。“轲”指具有两木相接的车轴的车，“舆”指车厢，引申为车。

在古代，车对人们太重要了。车可以载物，使人在生活和生产过程中，省了很大的力气；车还可以载人，这就更了不起了。儒家小六艺里，诗、书、礼、乐、射、御，御就是驾车。驾车是一门技术，所以连孔子都亲自教人怎么驾车。驾车需要高超的驾驭技巧，所以驾车后来引申为驾驭天下。可以说，对古人而言，从生活实际到理想层面，车都具有一种象征意义。

苏洵在《名二子说》中所不必明言者，是“车”之道、“御”之道，俱为儒家之根本也。正因为如此，“轼”和“辙”实际上都代表了儒家文化的一种精神。

可见，苏洵为苏轼、苏辙取这样的名字，不仅是根据他们的性格给他们一个人生的忠告，还有一层更深的寓意。正是这样一种期许，伴随孩子终身，成为他们不竭的精神动力。这才叫真正的因材施教，也是苏轼、苏辙兄弟都能成为文化巨匠的重要原因。他们既有情感和操守的一致性，又有思想和风格的独立性。所以在成长过程中，那个曾经是天才哥哥的小尾巴的苏辙，逐渐成长为另外一座文化高峰。

此外，在读书的原则上，兄弟俩也不尽相同。

苏东坡天纵奇才，可以过目成诵，所以博览群书，经史子集无所不读，无所不晓。据说，有一次苏东坡在终南山上一个道观里看到了道教经典《道藏》，喜出望外，恨不得一口气把整套书全都读完，于是写了首诗寄给弟弟。

苏辙一看，立刻写了一首和诗——《和子瞻读道藏》，又是当头给哥哥泼了一瓢冷水。

诗中写道："道书世多有，吾读老与庄。老庄已云多，何况其骈傍？所读嗟甚少，所得半已强。"就是说，道教的典籍多的是，我只读《老子》与《庄子》。老子和庄子的著作已经够博大精深的了，何况那些解读发挥注释的著作呢？可叹，就这些著作我读得也太少了，能领会其中的一半就满足了。

这讲的是什么？是读书方法。

第一，要读经典。苏辙不赞成像他哥哥那样，什么书都读。读书是好习惯，但读什么书是很重要的，不是什么书都需要读。而且在什么年龄读什么书也很重要。毫无疑问，对于道教典籍，《老子》与《庄子》这两部著作已经是经典中的经典了，能把这两本书读通读透了，就不得了了。

第二，要看原典。看经典书籍的时候，不要先看注本，一定要精读原典，原典实在读不通，再去看注本，这也是一个很重要的方法。

苏辙曾自述少时读书心得说："昔者辙之始学也，得一书，伏而读之，不求其博，而惟其书之知，求之而莫得，则反复而思之，至于终日而莫见，而后退而求其得。何者？惧其入于心之易，而守之不坚也。及既长，乃观百家之书，纵横颠倒，可喜可愕，无所不读，泛然无所适从。盖晚而读《孟子》，而后遍观乎百家而不乱也。"（苏辙《上两制诸公书》）

苏辙从小读书不贪多求快，他怕对经典著作一知半解就以为懂了，其实有可能并未获得真知，无法化为自己的观点。如果通过别人的注本来理解原著，还可能被引入歧途。

苏轼是通家之才，无所不知，无所不晓；而苏辙是个专才，专守之才，所以他心中自有坚守。

苏轼的人生犹于烟花一般，瞬间绚烂绽放，映照了整个历史的天空。苏辙就像一盏烛火，默默地燃烧，也释放出温暖和光亮来。当然，烛火也有火苗突然很旺的时候。苏辙在政坛上大放异彩的时候，放出的光亮甚至比苏轼还要强。

最为难得的是，苏辙虽然行动力超强，却又极稳重。一个“稳”字，让苏辙很多时候成为擅于“惹祸”的哥哥苏轼的“大后方”。

你陪我长大！

我护你周全！

所以苏轼、苏辙才能成为“亘古未有之兄弟”！

元祐贤人政治

综合而言，三苏虽同出一门，兄弟同气，父子连心，但他们也都各具面目，各有特长。苏洵本质上是一位政论型的思想家；苏轼本质上是艺术型的大宗师，是一位百科全书式的人物；而苏辙本质上是学者型的政治家，甚至可以说他首先是一位政坛上必不可少的技术型官员。

宋神宗上台后，立刻起用王安石，实行变法。王安石根本就不想用苏轼，所以给了个闲官，苏轼也不在乎。苏辙则不同，他一回到官场，就向神宗皇帝上疏，谈了自己对朝廷改革的认识，认为朝廷要做的第一件事就是理财。

看到苏辙提出的这个观点，王安石非常高兴，觉得与自己的主张不谋而合，也觉得苏辙不像苏轼那么迂腐，所以把苏辙吸收进了他的制置三司条例司，纳入变法的核心班底。可见王安石对苏辙的期望是很大的，而事实上苏辙对于王安石通过理财来改变现状的追求，也是理解的。但是，在变法实施的过程中，两人的分歧就渐渐显露出来。而苏辙对王安石变法具体内容的“技术”质疑，就是他与新党彻底分道扬镳的根本原因所在。

所谓道不同不相为谋，苏辙离开三司条例司后主动求去，初被贬为河南府留守推官，因张方平此时恰好知陈州，这位政坛名臣遂把他最为看好的苏辙招致麾下，荐为陈州教授。后来名臣文彦博也特别看重苏辙的学识，又聘其为学官。

两度担任学官任满后，苏辙又调齐州任齐州知州李常的掌书记。李常是黄庭坚的舅舅，黄庭坚自幼丧父，就是跟着这位舅舅读书长大的。苏轼后来杭州通判任满后，主动要求调任山东密州知州，就是因为苏辙在济南做掌书记，这样兄弟二人可以靠得近一些。

熙宁十年（1077），苏辙改任著作佐郎，又随南京留守张方平任职，为签书应天府判官。当时苏轼外知徐州，兄弟二人终于在澶濮之间相遇，苏辙遂随兄一同前往徐州，并留居一百多天。

元丰二年（1079）八月，苏轼以作诗“谤讪朝廷”被捕入狱，北宋历史上第一场著名的文字狱“乌台诗案”爆发。苏辙为救兄长，各方奔走，并上书请求以自己的官职为兄赎罪。最后，当一切尘埃落定，苏轼被贬黄州，苏辙也牵连被贬为监筠州（今江西高安）盐酒税，并明令五年不得升调。

元丰七年（1084）七月，苏辙被量移为歙州绩溪县令。这也是苏辙踏上仕途二十多年后第一次主政一地。这次主政一方的时间不长，前后虽仅八个月，但苏辙体恤百姓疾苦，着力改革弊端，发展生产，注重教化，深得绩溪人民的爱戴和拥护。当地百姓后来一直传颂：“苏公谪为令，与民相从为社，民甚乐之。”（罗愿《新安志》）

苏辙之所以为令不及一年，是因为大宋政坛巨变突生。

元丰八年（1085），神宗驾崩，九岁的宋哲宗即位，高太后临朝听政，开始全面废除新法。

八月，因旧党当政，苏辙以秘书省校书郎的身份被召回京。

秘书省校书郎一职虽然官阶不高，但却非常重要。尤其自隋唐以来，随着中国知识分子文字正义观的确立，与文字工作密切相关的秘书省校书郎（武周时期曾称“秘书正字”），在当时士大夫阶层中具有很高的影响力，也往往是朝廷中枢大臣的后备人选。所以，在甫一得知任命后，一向稳重内敛的苏辙，居然高兴地写下——

“奔走半生头欲白，今年始得校书郎！”（苏辙《初闻得校书郎示同官三绝》）

欣喜之情，溢于言表。

元祐元年（1086）二月，苏辙至京师，就任右司谏。也就是从这个时间开始，被称为“女中尧舜”的高太后开始了她长达九年之久的“元祐之治”的辉煌时期，而苏辙在其中起到了至关重要的作用。

高太后小字滔滔，亳州蒙城（今安徽蒙城）人。她是英宗的皇后，神宗的母亲，哲宗的祖母。她本人自律勤勉，最崇拜仁宗皇帝的清明之治，对王安石变法造成的社会动荡极为反感。她始终念念不忘仁宗皇帝当年制科考试后对曹皇后说的话："我今天为子孙选了两个宰相之才啊！"所以，她对苏轼、苏辙兄弟极为看重并倚重。

在高太后的照拂与期许下，在旧党执政的大背景下，元祐年间，苏轼、苏辙兄弟的官职一路高升。苏轼曾在朝廷任翰林学士、知制诰、龙图阁学士、端明殿学士、兵部尚书、礼部尚书，期间外知颍州、扬州、定州。苏辙比苏轼更有过之而无不及，不仅先后任起居郎、中书舍人、翰林学士、户部侍郎，还曾权任吏部尚书出使契丹，使还，升为御史中丞，这已是言官系统的最高长官。元祐六年（1091），拜尚书右丞，进门下侍郎。尚书右丞在宋代已是六执政之一，门下侍郎则是标准的副宰相。

所以，就仕途而论，苏轼最高只做到礼部尚书，而苏辙却做到了宰执之位，张方平所言"少者谨重，成就或过之"，果然一语中的。

苏辙之所以能在仕途上超越其兄，固然因为"谨重"的性格，更重要的原因则在于他的政治理念与执政能力。

北宋在中国封建历史上，既没有宦官专权，又没有外戚乱政，更没有藩镇割据，所以在大史学家陈寅恪先生眼中，北宋可谓是中国封建社会中的文化与文明巅峰。可是这样一个大好的时代，最后却沦丧于文官的内耗，也就是北宋的文人党争，这真是一种巨大的悲哀。

事实上，对于任何一个组织或团体而言，大到王朝、国家乃至人类社会，小到家族、家庭乃至每一个个体的人生，现实中最大的危机并非来自外部，而是来自内耗。其本质也就是爱因斯坦所说的“宇宙第一定律”——熵增。尤其是较为封闭系统内的无限内耗，带来的恶果则尤以为甚。

生命的本质就是抵抗熵增，追求负熵，社会有机体的生存和发展同理。苏辙当然并不可能知道“熵增定律”，但他敏锐地意识到，士大夫阶层在朝堂上的党争内耗，传导至社会底层，带来的危害将成为大宋的弊病所在。所以苏辙从政，首重民生。而民生问题，也基本上是苏轼、苏辙兄弟从政时一切政治考量的出发点。

作为曾经变法领导层内部的成员，苏辙任职三司条例司检详文字时，反对王安石青苗诸法的根本原因，就在于看到了执行层面落地新法时，必将对民生产生巨大的伤害与侵扰。如今，作为旧党领袖司马光极为欣赏的核心成员，苏辙又因为民生问题，与司马光产生了分歧。

元祐更化之初，司马光全面主政。因为与王安石及整个新党集团的旧怨，司马光表现出非常情绪化的一面，即所谓因人废事——只要是新党当初所为，就一概废止，完全不考虑实际情况。这固然进一步激化了两党矛盾，但更大的危害则是因政策的摇摆与颠覆，给底层百姓带来巨大的不便与损失。

比如说，罢除募役法，恢复差役法。

王安石变法以募役法替代差役法，既为朝廷增加了税收，又给底层百姓“松绑”，使得他们有更多的时间与精力从事生产与劳动，这从历史趋势上看，毫无疑问具有先进性。

苏轼、苏辙兄弟此前长期辗转地方，在与底层百姓的接触中亲眼见证了两法之优劣，所以此时司马光虽德高望重，苏氏兄弟却依然据理力争。苏辙连上五道奏状，力陈“差役之弊亦不可不知”，尤其是就民间实际而言，募役法已施行多年，突然废止，肯定于民不利，考虑到民生疾苦，断然颠覆，一定要慎之又慎。

苏轼亦赞同弟弟的观点，甚至为此与司马光反复争执，奈何司马光一意孤行，以至于苏轼冲动之下给司马光起了个“司马牛”的绰号。

司马光一意孤行的一个重要原因，是擅于投机的蔡京此时不顾一切为司马光献上了一个迎合式“样本”。蔡京时任开封府尹，他按司马光的要求，不管百姓死活，五日之内全部改行差役法，大得司马光欢心。蔡京实为新党，尤擅政治投机。而司马光对苏轼、苏辙兄弟向来有恩，他们却因民生问题与司马光据理力争。苏、蔡政治品格之高下，真是一览无余。

再比如，变革科举之法。

王安石之所以有变革天下的勇气，一个重要的原因即他向来以儒家正宗自命。虽然他的变法实践，行动上更像是法家，但王安石对儒家正宗的学问——经学与小学，确实别有一番研究与见解。他曾作有《字说》一部，虽有不少勉强之处，但训诂学功底亦可见一斑。另外，他在任淮南节度判官时就著有《淮南杂说》一部，在当时学界引发轰动，“当时《淮南杂说》行于时，天下推尊之，以比孟子”（马永卿《元城语录解》）。居然被学界比为孟子，这也成为王安石创立“荆公新学”的开始。

王安石主持变法后，随即大力改革科举与太学教育。他在太学推行三舍法，并根据学以致用、学用一致的原则，组织陆佃等人对传统儒学教材《诗义》《尚书义》《周礼义》做出新的释义与训诂，从而编定《三经新义》，并以之作为太学教育与科举考试的“经义”根本。由此，王安石废除明经科，大力改革进士科，将此前重声律诗赋的进士考试改为重点考查经义策论，这对后来宋元明清的科举产生了巨大而深远的影响。

司马光因人废言，对王安石的《三经新义》完全不认同，打算彻底废去三经经义考查之法，并重新制定官方新教材与新考法。

苏辙对此劝谏并上书说：“进士来年秋试，日月无几，而议不时决。诗赋虽小技，比次声律，用功不浅。至于治经，诵读讲解，尤不轻易。要之，来年皆未可施行。”（《宋史·苏辙传》）原来，来年就要到常科的秋闱之期，科考与人才是国家的根本，而根本性政策的情绪性变化必将让应试的士子们无所适从。应试的学问积累俱非一日之功，科考“指挥棒”随意乱指，影响的不光是应举的士子们，也会造成整个知识分子阶层的疑惑与消耗。所以，苏辙认为事关科举与国家人才选拔，决不应该贸然改变。

苏辙的审慎态度，正是基于人才选拔与培养的社会成本考量。其出发点依然是降低内耗，抵抗熵增。

所以，即便是在外交领域，基于这样的出发点，为求稳，为求秩序，在苏辙能影响外交政策时，他则变成了一个鲜明的主和派。以至于在面临西夏的侵扰时，在旧党主和派的主政下，大宋最终割还了米脂、浮图、葭芦、安疆四寨给西夏。但一味妥协退让并没有换来西夏的收敛，这也成为苏辙外交上被后人所诟病之处。

确实，对内求稳不代表对外要妥协退让。苏辙在作为外交使臣出使契丹时，说自己“少年病肺不禁寒，命出中朝敢避难”（苏辙《奉使契丹二十八首其一神水馆寄子瞻兄四绝》），以病躯赴北地，表现得不亢不卑，最终在和稳之势下，成功地完成了外交使命。只能说前有出使契丹的经验，又有一贯求稳的习惯，让他对并不了解的西夏，产生了很大的误判。

总体而言，苏辙的行政能力还是较为集中地体现在对内的治理与维系。当时国库日竭，而工部所费日巨，苏辙升任户部侍郎，立刻着手改革财政制度。此前，工部建设所需费用，户部只管出钱，并不问项目本身。苏辙敏锐地觉察到其中必有巨大的财务漏洞，于是奏请朝廷将具体项目的财务权力全部收归户部，每笔钱都要算得清清楚楚。从此，工部只负责工程建设，财务系统彻底独立出来，极大地改善了整个朝廷的财务状况。

当年熙宁变法之初，苏辙也曾上书神宗皇帝说财政才是国家的根本，并因此被神宗召对延和殿，被王安石任命为三司条例司检详文字。但苏辙的财政思想在本质上和王安石不同，甚至截然相反——王安石要“开源”，所以求变；苏辙要“节流”，所以求稳。对于整个元祐更化而言，苏辙都是朝廷中至关重要的稳定力量。故而苏辙身后，世人评价说：“元祐九年之间，朝廷尊，公路辟，忠贤相望，贵幸敛迹，边陲绥靖，百姓休息，君子谓公之力居多焉。”（何万《苏文定公谥议》）

颍滨遗老

就政治生命而言，苏轼、苏辙兄弟自然是休戚与共，甚至共相始终的。但在具体的历史进程与政治格局中，两人所面对的阻力、困难、风雨，乃至结局，又各不相同。这种差异与兄弟二人的性格和行事风格，其实也是息息相关的。

苏辙身上，有一种深入骨髓的责任感。这种深入骨髓的责任感，表现在政治上，是一个“稳”字；表现在生活上，是一个“厚”字；表现在人事上，是一个“善”字。

苏辙虽然是弟弟，但对哥哥苏轼的帮衬、救助和呵护，在历史上是格外有名的。在今天的网络上，说苏辙一生擅长“捞哥哥”的流行说法虽不准确，但在二苏兄弟关系里，苏辙成为哥哥苏轼的“大后方”，却基本上是史有公论。

其实，不只是对经常“惹祸”的哥哥，苏辙也是很多亲人的倚靠。当初，苏轼、苏辙兄弟双双通过制科考试，最后都被派官。苏轼授大理评事、签书凤翔府判官，不久即刻赴陕西凤翔上任，成为他一生仕途的起点。苏辙则被任命为试秘书省校书郎、商州军事推官。然而，出人意料的是，朝廷的任命却被年轻的苏辙拒绝了。

一般人或许会以为苏辙嫌官职太小，故而拒绝上任，此说纯属想当然耳。通过制科考试的人才在两宋三百余年间都是极为稀缺的，大多后来都成为朝廷的栋梁与柱石，但越是大才就越要放到基层去锻炼，这是当时人才使用与培养的通则。况且苏辙是典型的技术型官员，具有强烈的实干精神，怎么会嫌官职低微而拒绝上任呢？另外，商州军事推官虽是要上任的“岗位”，但授职却是秘书省的校书郎，虽然前面有一个“试”字，相当于预备期，但对于当时文字正义观普遍确立的知识分子来讲，这个授职虽是名誉上的，却也无比荣耀。这从苏辙二十年后“奔走半生头欲白，今年始得校书郎”的强烈感慨就可见一斑。

那么，苏辙既然与苏轼同时通过制科考试，可他正式踏入仕途为什么要比苏轼晚了整整四年？

原因很简单，因为要照顾年老多病的父亲苏洵。

苏轼的性格颇似爷爷苏序，而苏辙的性格则类于父亲苏洵，所以他更理解父亲心中有志难伸的苦楚，以及修《礼书》的使命意识与自证情怀。所以他在制科考试派官后明确上书朝廷，说父亲年老体弱，又兼身负为朝廷修《礼书》的重任，而哥哥苏轼又已远赴凤翔任职，只有自己可以照料老父，故而坚决辞官。

儒家社会首重孝道，中原王朝素来以孝治天下，苏辙的辞官之请被朝廷接受。苏辙也就在苏洵身边尽心尽力地照料了父亲四年。等到治平二年（1065），苏洵修完《礼书》后，苏辙才接受了大名府推官的任职。可紧接着第二年，也就是治平三年（1066），苏洵因病去世。苏辙与兄长苏轼即刻辞官，奔丧丁忧，直到神宗熙宁二年（1069），兄弟俩才重返朝廷。此刻的苏辙入三司条例司任检详文字，才算是开始了他个人真正意义上的政治生涯。

所以，在苏轼顶着“苏贤良”的荣光开启非凡仕途的时候，是苏辙担起了照顾父亲的重任，成为苏洵人生最后岁月的陪护者。

当然，这一切对于充满责任感的苏辙来讲，都是理所应当的，并没有半分勉强。苏辙一贯视兄一如视父，他说苏轼“抚我则兄，诲我则师”，后来苏辙成为哥哥一生的后盾。“乌台诗案”自不待言，到后来兄弟晚年，双双历尽磨难，苏辙先一步自贬谪之地北还，遂安家于颍川。据经济史学家考证，北宋房价奇贵，但苏辙善理财，这从他户部侍郎任上的杰出政绩就可见一斑。苏辙当时在颍川购有房产，当苏轼自海南归来，苏辙便强烈建议哥哥来颍川与自己一起居住。苏轼犹豫良久，还是跑去常州买房，并最终病逝于常州。

苏轼身后，了无余财，三个孩子又因父亲元祐党人的身份处境窘迫。最后还是苏辙将三个侄子苏迈、苏迨、苏过三家数十口全都接到颍川，专门购下一大片田产供他们生活，而苏辙自己则共有三子七女需要照顾。很难想象，生活中的苏辙，要有怎样厚实的肩膀，才能扛起那么多生活的重担，成为所有亲人的坚强后盾。

在苏轼病逝后，苏辙含痛将哥哥的灵柩运至河南郏县的小峨眉山，与嫂子王闰之安葬在一起。事实上，在苏轼一生最重要的三个女人中，父亲苏洵最看好王弗，大概王弗既要强又是贤内助的本色像极了程夫人。苏轼自己最爱的应该还是朝云，人生知己，不离不弃，万里投荒，至死不渝，所以苏轼晚年方有“不合时宜，惟有朝云能识我；独弹古调，每逢暮雨倍思卿”的深切悲叹。而对于弟弟苏辙来说，他最敬重的却是嫂子王闰之。在“乌台诗案”后最艰难的岁月里，在苏子瞻蜕变成苏东坡的坎坷折磨中，那个默默陪着兄长渡过难关，并坚实地拉扯着一大家子走过来的嫂子，虽然文化程度不高，虽然聪慧不如王弗，虽然才情远逊朝云，可她从未放下过对每一位亲人的责任。这样的嫂子，质朴无华，又深情厚义，最得苏辙的敬重。

其实，苏辙和王闰之一样，他们都是亲人们可以倚重和托付的人。

苏辙在生活层面对待亲人的责任感，亦能映射出他在政治生涯中的责任感。

可以说，苏辙在元祐更化时期的沉稳持重一直是朝堂之上不可或缺的稳定力量。他以大局为重，始终不忘关切民生与家国的初心，即使在党争中也能秉持公心，做到就事论事，这是极为难得的。

当然，从政之初在三司条例司中与新党决裂的经历，也使得他在对新党的政治斗争中表现出鲜明的态度来。尤其是元祐之初，苏辙回朝廷担任右司谏，份属言官。苏辙在位谋政，频频上书，以去新党余孽为己任。而圆滑投机者如吕惠卿，就是苏辙反复上表揭露其真实面目，才被逐出朝廷的。其时，苏轼已任知制诰，亲笔作责吕惠卿制词，本已极尽批判之能事，但制词最后，管不住嘴巴的东坡先生又忍不住加上一句贬损至极的感慨——“三十年作刽子，今日方剐得一个有肉汉。”（陈长方《步里客谈》）

一个字，爽！

爽是爽了，但也遗患无穷。

再比如旧党内部洛、蜀二党的纷争，竟也因苏轼的一句玩笑话而起。

在王安石和司马光相继去世后，北宋党争并未停歇，反而愈演愈烈，并且新旧党派也发生裂变。

司马光去世那天，天子与众臣正好举行明堂祀典，群臣等到朝廷祭祀大典完成都急欲赶到相府去吊唁。可时任崇政殿说书的程颐却拦住众人说：“《论语》说：‘子于是日哭，则不歌。’岂可贺赦才了，便去吊丧？”

众人觉得程老夫子实在泥古不化，于是有急智者反驳说：“孔夫子说‘哭则不歌’，但并没说‘歌则不哭’啊？”

众人甚觉有理，程颐也茫然不知如何作答之际，突然人群里传出一句精彩的戏谑——“颐可谓鏖糟陂里叔孙通！”

众人一听，哄堂大笑，程老夫子老脸涨红，颜面扫地。

这一句精彩的戏谑，正是有话向来不吐不快的苏轼所说。鏖糟陂是汴京城外的烂泥塘，叔孙通曾为汉高祖刘邦制定朝廷礼仪，两者合在一起，是开玩笑说程颐不过是“半吊子的叔孙通”，戏谑与讽刺效果极佳，果然是只有苏轼方能说出的妙语俏皮话。

可程颐一派向来道貌岸然，苏轼一句戏谑不仅得罪了程颐，也彻底得罪了视程颐为圣人的一班洛学弟子。

接下来，苏轼作为翰林学士主持“试馆职”考试。考试三道策问题，苏轼只出了一道，题为“师仁祖之忠厚，法神考之励精”。结果洛学弟子们以此为靶子，火力全开，断章取义，深文周纳，攻击苏轼为臣不忠，讥议先朝，甚至弹劾、控诉苏轼有诽谤仁宗与神宗两代先帝的大罪。

苏轼此时已是一代文宗，可任他反复陈说、辩解也不能让洛派言官降火，连高太后降旨为苏轼撇清也不见效果。此时，有一位叫吕陶的言官上书指出事件的本质是洛学弟子借机闹事，借公器为他们的老师程颐行报复之实。吕陶之说虽切中肯綮，却如油锅里洒了一瓢水，立刻就引发了“炸锅”。

因为吕陶是四川成都人，这下反倒让攻击者找到了新的口实——蜀人结党，左右朝政，这可是更大的危机！

在这样愈发混乱的氛围中，苏轼身心俱疲，心灰意冷，只得反复请求外任。高太后挽留多次，终于还是从大局考虑，同意了苏轼的请求。苏轼再次离开朝廷，外放杭州。

无聊至极的口水仗虽然随着苏轼的自请外任告一段落，但洛党、蜀党之争却已成定局，加之以北方人刘挚、王岩叟、刘安世等为首的朔党又居间浑水摸鱼，获取利益最大化，从此，旧党系统内的洛、蜀、朔三派内耗，更是加剧了整个北宋王朝的没落。

这期间，党争已由最初士大夫之间的政见分歧，逐步演化为党同伐异，对北宋的政治生态产生堪称毁灭性的影响，也对参与其中的每个人的人生带来了巨大的冲击。

北宋党争频发，有着与其他朝代党争的共性，也有着诸多不同之处。这首先与宋人的观念变化密切相关。自王禹偁至欧阳修、苏轼等，“君子有党”“小人无朋”逐渐成为宋代士大夫的共识。加之宋代政治重文轻武，士大夫集“文人、学者、官僚”三种身份于一身的特殊性，也是导致党争频发的又一原因。

相较于苏轼，苏辙虽然政治立场鲜明，但在人际关系中“口不臧否人物”，向来与人为善的习惯真是显得弥足珍贵。苏辙晚年坦坦荡荡地住在离汴京咫尺之遥的颍川，安稳终老。一代奸相蔡京也曾由衷佩服地说：“以子由长厚，故恤典独厚。”（朱弁《曲洧旧闻》）

苏辙晚年自号“颍滨遗老”，旧党大佬中确实也只有他活得长寿。他在十年之中，除见过极个别的亲友外，几乎谢绝了一切往来，连大门也很少出。他在《见儿侄唱酬次韵五首》里说：“宇宙非不宽，闭门自为阻。心知尘外恶，且忍闲居苦。”又说：“偶将今生脚，还着古人屦。大小适相同，本来无别处。”

在这位睿智的颍滨老人心中，岂不知世路之难，风尘之恶？只是他不说，不臧否，甚至不见客，不言语。世人蝇营狗苟，他自闲默成趣。

车之功者，辙不与焉。

车仆马毙，是辙永存。

与君世世为兄弟

在苏轼一生留下的诗文里，有一个名字，仿佛是他永恒的心灵注脚；有一个人，似乎是他愿意永远停靠栖息的精神港湾。

那个人，离他很远，他们一生离多聚少；那个人，又离他很近，近到无论苏轼身在何处，身经何难，仿佛只消对那人诉说一两句，万般暖意，便涌上心头。

那个人，就是他的弟弟，苏辙。

“岂独为吾弟，要是贤友生。不见六七年，微言谁与赓。”（苏轼《初别子由》）这便是苏轼心中的子由——他是亲如手足的兄弟，也是贤良端正的挚友，更是精神共鸣的知己。

在苏轼的心里，弟弟子由饰演着诸多角色；在弟弟心中，哥哥子瞻又何尝不是如此呢？

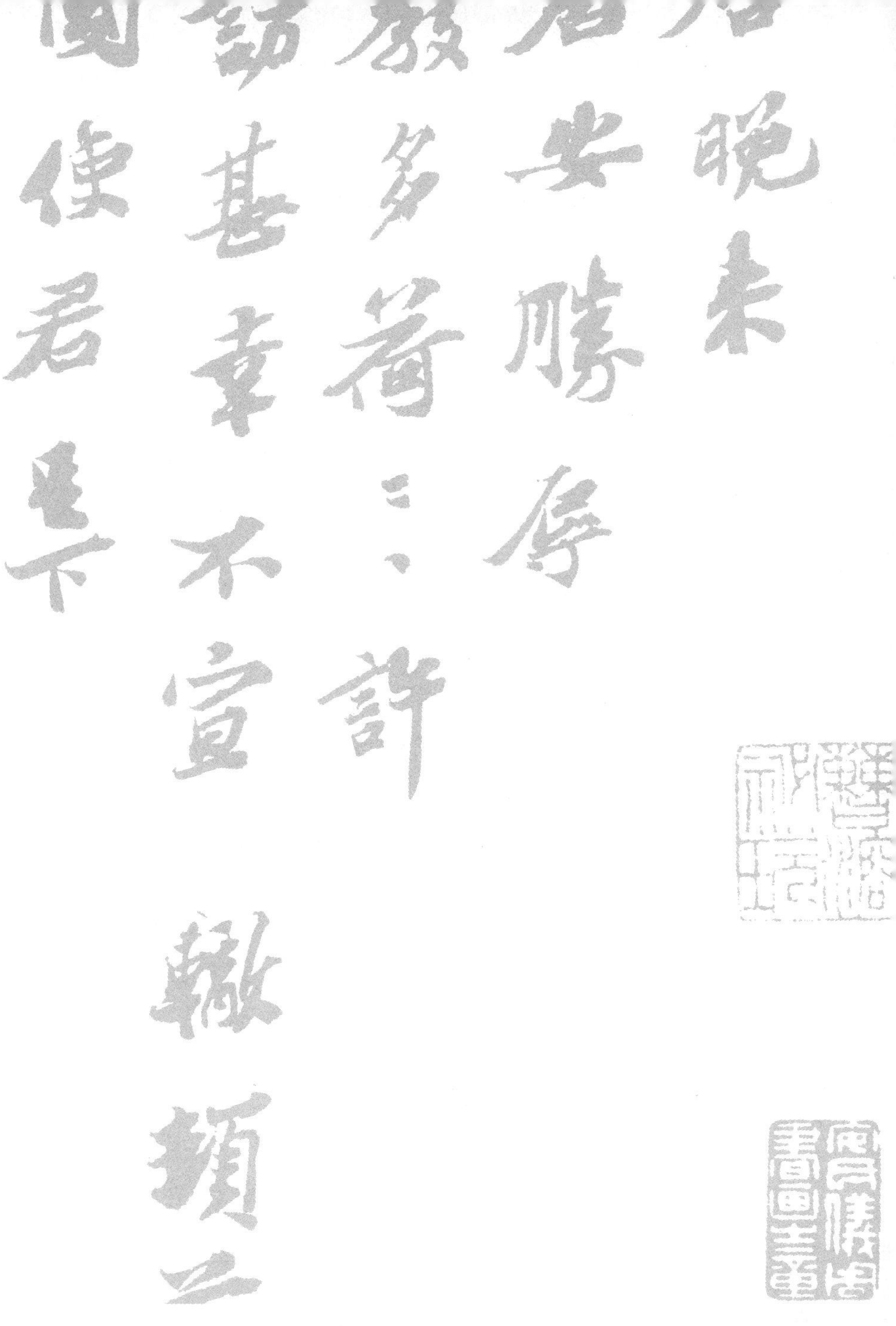
晚來
安勝否
多荷〻許
甚幸不宣軾頓首
使君足下

你陪我长大

眉山，素有“小桃源”之称。苏辙与哥哥苏轼在这座小城里度过了无忧无虑的童年与少年时光。

苏辙出生于宋仁宗宝元二年（1039），这一年是己卯年，所以苏轼常常亲切地称弟弟“卯君”，这个亲昵的小名多次出现在苏轼写给弟弟的诗篇里：

“倾杯不能饮，留待卯君来。”（苏轼《出局偶书》）

“泪尽粉笺书不得，凭君送与卯君看。”（苏轼《王定国自彭城往南都，时子由在宋幕，求家书》）

……

苏辙实际上只比哥哥苏轼小两岁多，幼时，兄弟二人是形影不离的伙伴，屋前屋后的菜圃是他们的乐园。曾经有一次，苏轼在后院里挖出一块石头，见它光滑平整，是一块好材料，最后做成了砚台，日日在案前伴着兄弟俩读书。稍长，兄弟二人更多的时间是跟随父亲苏洵读书，此时他们又变成了互相切磋学问的同窗。

苏洵虽然自己屡次科考不中，但对两个儿子始终寄予厚望，他以《诗经》《尚书》《春秋》等儒家经典教导儿子，并告诉他们：“读是书，内以治身，外以治人，足矣！”彼时，苏辙与哥哥虽不能完全明白父亲所说的意思，但兄弟二人在儒家经典的浸淫下，文辞日渐雅达，对“道”也逐渐形成自己懵懵懂懂的认识，终其一生都不曾逆志。

苏洵常对苏轼说，你们兄弟二人共同读书，作为兄长，要主动为弟弟答疑解惑。苏轼谨遵父亲的教诲，每与弟弟一起时，总是时不时地与弟弟探讨，对弟弟的疑问也不厌其烦地解答。苏轼这个做哥哥的在学习之余，充当起了弟弟的“小老师”。

苏辙六岁时，父亲苏洵将他送到眉山天庆观，和苏轼一起拜道士张易简为师。这一段求学生活中，苏辙不仅接受了张易简的开蒙教育，同时作为兄长的苏轼也为弟弟的学习答疑解惑，苏辙的功课因而一日千里。这段儿时与哥哥共同学习的经历让苏辙终身不忘，他多次在文中写道：

“辙幼从子瞻读书，未尝一日相舍。”（苏辙《逍遥堂会宿》诗序）

“辙幼学于兄，师友实兼。”（苏辙《祭亡嫂王氏文》）

……

可见，在苏辙心里，自己与哥哥之间不仅有着手足之情，更兼具师友之义，这份深情厚谊在兄弟俩一生的生命时光中始终不曾磨灭。

在这段共同求学的生涯里，兄弟二人还曾跟随眉山寿昌书院的刘巨学习。刘巨是当地的饱学之士，淡泊名利，一心向学，毕生以诗书自娱，很多老百姓都把自己的孩子送至书院拜其为师。在跟随刘巨读书时，寿昌书院里留下了苏辙和哥哥之间诸多欢乐的时光，像苏辙接句“无人共吃馒头”的趣事时有发生，那是属于两个天真少年之间共有的记忆。

至和二年（1055），苏家兄弟初长成，益州知州张方平派人来信。这位苏洵多年的好友捎来了礼部于今年开科贡举的消息，并让苏洵带两个儿子上京赶考。眼看多年苦读的两个儿子如今终于迎来了一展宏图的机会，苏洵别提有多兴奋了。他带着两个儿子告别妻子程氏，启程前往京都汴梁。

这是苏辙与哥哥第一次远别家人，他们心中自然有想要施展抱负的激情，同时，也有与家人分别时的怅惘。好在，这一切离愁别绪在父子三人接下来的旅程中，因饱览沿途大好河山、体察异地人物风情而得到了稀释。

此次进京，父子三人选择了走陆路的方式，先去成都落脚。苏洵之所以选择先去成都，是想要带两个儿子拜见益州知州张方平。张方平虽然曾官拜副宰相，却始终为人谦和，对人才更是尤为珍视。他视苏洵为大才，便不拘一格，极力向朝廷推荐。苏洵深感于张方平的知遇之恩，感怀他的知人之明。得知苏洵父子三人前来，张方平甚至以国士之礼接待了他们。这种礼贤下士的君子之道给尚为一介布衣的苏洵父子三人留下了深刻印象，特别是在年轻的苏辙心中，更是对张方平这种怜才惜才之举至为感念。后来，苏辙深情地回忆这段往事，说："予年十八与兄子瞻东游京师。是时张公安道守成都，一见以国士相许，自尔遂结忘年之契。"（苏辙《追和张公安道赠别绝句〈并引〉》）

张方平专门写了一封推荐信给时任礼部侍郎兼翰林侍读学士的欧阳修，苏洵父子三人收好荐书，拜别张方平，北出剑阁，由陆路赶往京都。一路上，苏辙与哥哥一面欣赏着沿途风景，一面与父亲探讨着书中所读与眼前所见的风土人情，父子之间，作诗联句，风雅无限。这段出川入京的经历，让苏辙真正体会到了读万卷书与行万里路的重要，也对父亲苏洵当年的山河游历有了更深刻的认识。

嘉祐二年（1057），宋仁宗任命欧阳修为主考官，龙图阁直学士梅挚、翰林学士王珪、集贤殿修撰范镇、知制诰韩绛四位一同参与礼部贡举。经过策、论、诗赋的选拔，苏辙与哥哥苏轼列属高等，获得了参加三月殿试的资格。当年殿试，宋仁宗在崇政殿以"民监赋""鸾刀诗""重巽申命论"为题，苏辙与哥哥苏轼厚积薄发，对答如流，侃侃而谈，最终双双高中进士。除苏轼、苏辙兄弟外，这次的进士榜单上还有很多名垂千古的人物，如曾巩、程颢、张载等，后来任宰执者多达九人，《宋史》中单独列传者多达二十四人，可谓是大宋群星闪耀时。

然而，正当苏洵父子三人沉浸在苏轼、苏辙同登进士第的喜悦时，眉山老家却传来程夫人于四月仙逝的噩耗。这对于父子三人来说无异于晴天霹雳，苏辙随父兄连夜离京，回乡奔丧。

嘉祐四年（1059），三年丁忧期满，苏辙与父亲、哥哥再次踏上了回京之路。与上一次入京选择的路线不同的是，这次父子三人选择了从水路南下，至江陵后再从陆路北上京师。对于苏辙和哥哥来说，这无疑又是不曾领略过的风景。欣赏着两岸的景致，父子三人心中激荡，诗兴大发，佳作频出。兄弟二人的《夜泊牛口》就作于途中。后来父子三人将此次南行入京所写的诗赋整理，集结而成《南行集》《南行后集》，苏辙为此写下了《南行后集引》，这也是父子三人之间一段难忘的温馨记忆。

嘉祐五年（1060），为了应对来年八月朝廷的制科考试，苏辙与哥哥选择了位于汴河南岸的怀远驿寄居，全力以赴备考。其时，苏辙与哥哥丁忧期刚满，不曾有官职，苏家并不富裕，在怀远驿备考的那段时间，他们的生活着实清苦，日常饮食多以白米饭、白萝卜、白盐为主。然而，兄弟二人并不因此觉得受了委屈，他们甚至为其取了个有趣的名字，笑称自己吃的是“三白饭”。在苏辙眼里，虽然这不是什么山珍海味，但是和哥哥在一起，似乎总有聊不完的开心事，兄弟二人有说有笑，或探讨学问，或交流彼此的读书所得，每顿饭兄弟俩都吃得津津有味。

朱弁《曲洧旧闻》中记载说：“东坡尝与刘贡父言：‘某与舍弟习制科时，日享三白，食之甚美，不复信世间有八珍也。’贡父问‘三白’，答曰：‘一撮盐，一楪生萝卜，一碗饭，乃三白也。’”苏辙天生体弱，向有肺疾，苏轼对这个弟弟更是疼爱有加。弟弟的身体状况一直都是哥哥最牵挂的，直至后来兄弟二人聚少离多时，苏轼也常常在诗中提到这一点：“忆子少年时，肺喘疲坐卧。喊呀或终日，势若风雨过。”（苏轼《次韵子由病酒肺疾发》）

制科考试的日子日益临近，兄弟二人在备考的同时，更时不时探讨关于人生、理想的诸多想法，两颗青春的心越来越近了。某夜秋雨生凉，苏辙肺疾又略有发作，咳嗽声中，起来寻夹衣穿。此时苏轼刚好在读《韦应物集》，读到《示全真元常》诗中“宁知风雨夜，复此对床眠”两句，兄弟二人不禁触景生情，大为感慨，并约定不管人生前路如何，他年重回故乡，“风雨对床”，是为一生约定。

此后一生，“风雨对床”的约定在兄弟二人的诗作中屡屡出现，虽然最终未能实现，但怀远驿中两个青春的身影，却因这四字之约，成为永恒。

苏辙每忆起跟随哥哥读书的童年岁月，以及这段在怀远驿共同备考，为了理想而全力以赴的时光，总会感叹：“抚我则兄，诲我则师！”他从不曾忘记过哥哥对自己的关爱与教诲。

苏辙一生对哥哥始终是敬与爱的。如果说，苏轼是众人心目中的偶像，直至今天也仍是个“万人迷”，那么他的第一个“迷弟”，一定是弟弟苏辙。苏辙曾感叹道：“嗟我顽钝质，乃与公并生。”（苏辙《次韵子瞻见寄》）就是说，自己如此“顽劣愚钝”之人，竟能成为如此杰出兄长的弟弟，真是一种莫大的幸运啊！

这不是“迷弟”，又是什么？

我护你周全

如果说，当年跟随父亲进京赶考对兄弟二人而言是一个重要的时间节点的话，那么自从在嘉祐六年（1061）的制科考试中双双登科后，兄弟二人便完成了人生的又一次蜕变与成长。

苏轼登科后的豪言壮语犹在耳畔：“敢以微躯，自今为许国之始。”（苏轼《谢制科启》）自此，这个热血男儿立志将自己的平生所学皆用于大宋江山与天下苍生。对于同为有志青年的苏辙来说，又何尝不是如此呢：“人生在世，不出一番好议论，不留一番好事业，终日饱食暖衣，不所用心，何自别于禽兽。”（苏辙《历代论并引》）

未来的画卷已然在兄弟二人面前铺展，此时他们心中涌动着同样的对前程的一腔热血。

苏轼任大理评事、凤翔府签判，苏辙除试秘书省校书郎、商州军事推官。苏辙为照顾父亲，辞官不就。眼见哥哥苏轼就要启程去凤翔赴任了，兄弟俩面临二十多年来的第一次分别。

那日黎明，寒冬的萧索让兄弟俩的这场分别更添辛酸。苏辙一早便骑着瘦马，一路送别哥哥直至郑门西郊。寒风凛冽中，苏辙几度恍惚，仿佛昨天还在眉州老家与哥哥嬉戏追逐，今日却要分别了。离别之际，兄弟俩心中纵有千言万语要诉，最终化为一句珍重。

送君千里，终须一别。

苏辙与哥哥道别后便调转马头，奔回南园父亲身旁。哥哥苏轼却迟迟不肯离开，望着弟弟渐行渐远的身影随着地势的起伏时隐时现，仿佛人生的无常起落，此时的苏轼心中饱尝着离愁别恨的滋味。只要一想到从此以后，与弟弟之间朝夕相伴的日子不可再得，连同那些曾经夜雨对床时许下的约定都成了梦幻泡影，便不禁悲从中来。

于是，苏轼动情地写下《辛丑十一月十九日既与子由别于郑州西门之外》，表达心中的别离之情。

诗云：

不饮胡为醉兀兀，此心已逐归鞍发。
归人犹自念庭闱，今我何以慰寂寞。
登高回首坡垄隔，但见乌帽出复没。
苦寒念尔衣裘薄，独骑瘦马踏残月。
路人行歌居人乐，童仆怪我苦凄恻。
亦知人生要有别，但恐岁月去飘忽。

寒灯相对记畴昔，夜雨何时听萧瑟。

君知此意不可忘，慎勿苦爱高官职。

一生潇洒旷达的苏轼何尝不知道人生在世，聚散无常在所难免呢？令他感到落寞与凄恻的，是不知下一次与弟弟共诉衷肠将在何年何月。行行重行行，与君生别离，道路阻且长，会面安可知！

对于哥哥的此番外任，苏辙在替哥哥感到高兴的同时，心中也不免有隐隐的担忧。苏辙太了解自己的哥哥了，他为人耿直，眼里揉不得沙子，看到不平之事，必定“如食中有蝇，吐之乃已”（朱弁《曲洧旧闻》）。所谓“赋性愚直，好谈古今得失”（苏辙《为兄轼下狱上书》），这样的真性情，加之哥哥自带光芒的属性，招致旁人的嫉恨则可想而知了。所以，在给哥哥的和诗与书信中，这一时期的苏辙已经开始不时委婉地劝谏与提醒。

可以说，自从哥哥初去凤翔上任，直至往后的仕途生涯，苏辙一直都替哥哥悬着一颗心。事实一再证明，父亲与弟弟的担忧并非多余，出仕以来苏轼平生屡次遭旁人构陷，无不是因为这两点：第一，光芒耀眼，遭人嫉恨。第二，直言不讳，得罪旁人而不自知。苏轼这张嘴不知为自己招来了多少是非。

著名的“乌台诗案”即为明证。

元丰二年（1079）当时苏轼尚在湖州任上，对这场几乎险些要了自己性命的“乌台诗案”一无所知。在京的驸马都尉王诜、朋友王巩得知此消息，即刻派人快马加鞭给苏辙报信。苏辙收到消息后，惊惧万分，第一时间派人去湖州通知哥哥。当时皇甫僎的队伍可谓是疾如闪电奔往湖州，幸而由于其子生病，前行队伍只得在润州停留半日，这便为苏辙的人马争取了时间。

与此同时，苏辙开始想办法解救哥哥于危难之中。苏辙以一纸《为兄轼下狱上书》上书神宗，希望以自己的官职为哥哥苏轼赎罪。苏辙表示自己早年失去双亲，与哥哥苏轼可谓是相依为命，其言辞恳切，读之令人动容：“臣早失怙恃，惟兄轼一人相须为命。”“臣窃哀其志，不胜手足之情，故为冒死一言。……臣欲乞纳在身官，以赎兄轼，非敢望末减其罪，但得免下狱死，为幸。”然而，此书有如石沉大海，迟迟未见朝中有任何动静，苏辙只得先照顾好哥哥一家大小的生计。这段时间，苏辙因哥哥命运的生死未卜可谓心力交瘁，这些他人无法体会的痛楚与无奈充斥于他的笔端：“雪霜何与我，忧思自伤神。”（苏辙《腊雪五首·其五》）

身陷囹圄的苏轼，在狱中写下诀别诗《狱中寄子由二首》，以示对自我命运的绝望以及对与苏辙之间兄弟情的眷恋。原诗其实有一长题，尤可见苏轼在人生绝境中对弟弟苏辙的依恋，长题曰：“予以事系御史台狱，狱吏稍见侵，自度不能堪，死狱中，不得一别子由，故作二诗，授狱吏梁成，以遗子由。”两首七律写尽苏轼与苏辙之间的感情，不仅把家人托付给弟弟，希望得到苏辙的照料，字里行间更满溢着感人的兄弟之情。

正当苏轼众人以为“乌台诗案”陷入死局之时，事情出现了转机。

或许是苏辙、范镇、张方平等纷纷上书的行为，以及太皇太后曹氏的加持，苏轼最终获开释得以出狱，至此，历时一百三十天的“乌台诗案”才真正落幕。这次牢狱之灾，无论是对当事人苏轼还是对一直奔走周旋的苏辙来说，都是一次不小的打击。为了营救哥哥，苏辙上书皇帝，因而获罪被贬为监筠州（今江西高安）盐酒税，五年不得升调。

在苏辙看来，哥哥此番身陷“乌台诗案”，正是因哥哥生性耿直、直言不讳、又爱写诗作文来抒发心中不快的行为所致，这令苏辙心有余悸。哥哥不懂得低调，又自带光芒，难免树大招风，更直接的原因还是哥哥那张自己管不住的嘴，“祸从口出”这四个字用来形容哥哥，再适宜不过了。

于是，兄弟俩重聚之际，苏辙不免再三劝慰哥哥从今往后一定要引以为戒，谨言慎行，最重要的是希望哥哥不要再一言不合就作诗了。然而，苏轼听到了是一回事，做不做又是另外一回事，他似乎是那种典型的“你说得都对，可是我就是不改”的人，所以后来朝云才会说他“满肚子不合时宜”。不知苏辙对哥哥这“死性不改”的德行是如何看的，是不是也被气得够呛。但那又有什么办法？谁让他是自己的老哥呢！

苏轼虽然保住了性命，被贬至黄州安置，然而作为罪官的他，没有签发文书的权力，更没有擅自离开州境的自由。朝廷此令既出，苏轼必须奉命即行，根本来不及安顿好自己的妻儿及其他眷口。好在，他有一个坚强的后盾，那便是弟弟苏辙。苏辙一再让哥哥放宽心，自己一定护送嫂子、侄儿等众人平安到达黄州，听了苏辙这番话，才减少了苏轼只身先去黄州的顾盼之忧。苏辙将哥哥的眷属平安送达黄州后，只作短暂停留便返程了。兄弟二人唯有通过书信往来，聊表牵挂。

在黄州的苏轼，经过三年的挣扎，终于在元丰五年（1082）获得了转机。这一年，他写下《定风波·莫听穿林打叶声》，写下《念奴娇·赤壁怀古》，更写下了彪炳史册的前后《赤壁赋》。

苏轼与同样谪居黄州的张梦得交好。张梦得在自己住所的西南方建了一座亭子，时常与苏轼相约亭上览观江流景致。苏轼为此亭取名为“快哉亭”，足见苏轼对此亭的喜爱。

元丰五年，苏辙来到黄州看望哥哥。其时，兄弟二人相携一道游览黄州自然风情，凭吊陈迹。苏辙应张梦得所邀，为此亭作《黄州快哉亭记》一文，以兹纪念。苏轼读后，大为激赏，亦乘兴作《水调歌头·黄州快哉亭赠张偓佺》，全词结篇乃千古名联——“一点浩然气，千里快哉风！”

二人所作，可谓诗文双璧，也是两兄弟才情、亲情的最好见证。

千古一兄弟

“问汝平生功业，黄州惠州儋州！”

苏轼是在黄州完成人生的蜕变，成为伟大的苏东坡的。但在苏轼成为苏东坡之前，除了“乌台诗案”带来的黄州磨难，其实还有一处极为重要的人生积淀，那就是——

密州。

苏轼非常喜欢杭州，但却在杭州通判任满之际，主动申请调往山东密州，根本原因只有一个，那就是想念弟弟苏辙。苏辙时任齐州掌书记，在济南为官。在新党主政的背景下，苏轼与苏辙各自仕宦飘零，已多年未见。

当时大宋州分五等，密州属于低等州，苏轼为见弟弟一面，甚至只是为了靠苏辙近一些，便主动申请调往密州，可见思弟心切。哪知到任密州后，虽然确实离苏辙近了许多，但两三年间，兄弟二人却始终不得相见。这种命运的乖舛叠加思念的情绪，让苏词的创作第一次进入了高质量的爆发期。虽然说在艺术创作上苏轼是诸体皆擅的大宗师，但平心而论，排第一位、也是在文学史上影响最为深远的，依旧应当是词的创作，尤其是豪放词派的开辟之功，于中国文学而言，可谓功莫大焉。

据苏轼作品年表考辨可知，苏轼是在杭州通判任上最早开始了词的创作，但俱属零星创作，既无名篇，总体成就也不甚高，可以视为苏词创作的萌芽阶段。但至密州后，一切好似发生了突变。

先是在对亲情的眷恋下，苏轼写出了被后世誉为“千古悼亡之首”的《江城子·乙卯正月二十日夜记梦》，然后又创作出被词论史誉为“豪放词奠基之作”的《江城子·密州出猎》。熙宁八年（1075）春天，作为密州知州的苏轼主持修复了密州西北城垣上的一处古废台，他高兴地写信告诉弟弟，并让远在齐州的苏辙为之起名。苏辙据《老子》“虽有荣观、燕处超然”的文意，命名曰“超然”，并作《超然台赋》予以赞咏。

苏轼因此更加深爱此台，先是在寒食节登台，作千古名篇《望江南·超然台作》，提出了“诗酒趁年华”的著名主张。然后又在这一年的中秋节，登台而作后来彪炳千秋的《水调歌头·明月几时有》，此词一出，即被誉为“千古中秋词第一”，同时也标志着苏词的创作进入了一个崭新的高峰期。

在《水调歌头》中，苏轼作有题注曰：“丙辰中秋，欢饮达旦，大醉，作此篇，兼怀子由。”

原来，一切都是因为子由！

因为对弟弟的牵挂与思念，因为有人世间最好的兄弟情，才有了最好的苏词，甚至才有了为黄州“东坡”的出现做出铺垫与准备的密州“子瞻”。

《宋史·苏辙传》有一段评价说：

> **辙与兄进退出处，无不相同，患难之中，友爱弥笃，无少怨尤，近古罕见。**

世人多看重苏辙与苏轼“患难之中，友爱弥笃”，但重点其实首先应是“进退出处，无不相同”。在元祐朝的政治更迭与动荡中，苏辙的政治立场是极其鲜明的，而苏轼与弟弟则保持了高度的一致。

元祐更化之初，苏辙始以秘书省校书郎被召入京，旋即升任右司谏，掌规谏讽喻，鉴戒箴诲。因份属言官，苏辙尽职尽责，屡屡上书。苏辙一生所上奏章一百五十余篇，而元祐元年的二月至九月任右司谏期间竟占半数，多达七十四篇，平均每月达十篇之多。

苏辙从稳定政局、与民休息的角度出发，提出了一系列比较切合时宜的建议。尤其是在用人问题上，态度鲜明地主张贬斥新党投机分子，以期结束新旧党争长期混乱的局面，巩固朝廷的中央集权。在这一过程中，苏辙的政治立场固然一以贯之，但作为兄长的苏轼却未免有情绪化的倾向。前所举贬斥吕惠卿一事自不待言，当旧党要完成肃清朝中新党的使命，把矛头对准新党最后的“能臣”与“干吏”章惇章子厚时，苏轼也因政治情绪加入了攻击的行列，可谓实属不智。

苏辙与章惇并无深交，但章惇却视苏轼为挚友，在“乌台诗案”中亦曾为苏轼仗义执言。元祐之初，章惇因差役法与司马光当庭争议，司马光口才远逊章惇，朝堂之上常失颜面。后来，是在苏轼的居间劝说下，章惇才收起攻击的锋芒，可见苏轼在章惇心中的分量。如今，苏轼为与弟弟及旧党保持政治立场的一致，加入攻击章惇的行列，尤其是贬制之词的亲笔书写，依然“舌灿莲花”，直击章惇执政成果要害，这就为哲宗亲政后章惇对苏轼兄弟的疯狂报复埋下了伏笔。

元祐三年（1088），苏辙升任中书舍人，掌朝廷外制。苏轼时任翰林学士、知制诰，掌朝廷内制。兄弟二人分掌内外制，成为政坛佳话。更为荣耀的是，元祐三年五月一日朝会那天，苏轼与苏辙居然碰巧同一天转对。

所谓转对，是指百官轮番奏事，每次限定只能两人，因此两兄弟同一天转对极为罕见。这不仅是苏轼兄弟的荣耀，更成为宋代政治史上人们津津乐道的一段佳话。当时，苏辙有《转对状》，苏轼也作有《转对条上三事状》，这两篇文章也成为兄弟二人“进退出处，无不相同”的最好注脚。

可是好花不常开，好景不常在，当高太后离世、哲宗亲政、新党卷土重来时，苏轼、苏辙兄弟更甚于“乌台诗案”的人生“患难之旅”才次第展开。

苏轼是在定州知州任上直接开始了被最终远贬岭南的贬谪历程，而苏辙面临哲宗亲政、新党重压的处境，在朝中苦苦支撑。当新党要全面恢复熙宁新法时，苏辙不求自保，挺身而出，因在上书中将神宗比作汉武帝而致哲宗大怒，先被贬知汝州，数月后，再贬左朝议大夫、知袁州。尚未到任，又贬左朝议大夫、试少府监，分司南京，筠州居住处分。苏辙治汝州政绩斐然，等到他被罢免离开，州里父老送别他的人都呜咽流涕，延绵数十里不断。

绍圣四年（1097）二月，苏辙又被贬为化州别驾，安置雷州处分。此时，苏轼也被贬为琼州别驾、昌化军安置。五月，兄弟二人终于相遇于藤州，苏辙苦中作乐曰：“今年各南迁，百事付诸子。谁言瘴雾中，乃有相逢喜。”（苏辙《次韵子瞻和陶公止酒》）

陆游《东坡食汤饼》中记载说：

> 东坡先生与黄门公南迁相遇于梧、藤间。道旁有鬻汤饼者，共买食之。粗恶不可食。黄门置箸而叹，东坡已尽之矣。徐谓黄门曰：“九三郎，尔尚欲

咀嚼耶？”大笑而起。

这段记载是说，苏轼贬海南，苏辙贬雷州，南行途中两人相遇于梧州、藤州之间。苏轼与苏辙于路边汤饼摊贩处共食。

汤饼是汉唐之际最受喜爱的食物之一，流行于北方地区。在汉代，水煮而食者都称为汤饼，包括有汤面条、汤面片、面疙瘩等。正如胡三省在《通鉴》注中说：“汤饼者，碾麦为面，以面作饼，投之沸煮之。”到了宋代，“汤饼”开始成为所有无馅水煮面食的通称。宋张师游《倦游杂录》中说：“今人呼煮面为汤饼，今蝴蝶面、手托面、水滑面、切面、挂面、馄饨、冷淘之类是也。”

苏轼与苏辙所食之汤饼甚粗粝，苏辙弃箸不食，苏轼却大口吞下，然后笑着问弟弟：“九三郎，难道你还要咀嚼吗？”苏辙见哥哥胃口尚好，便也放心了不少。

六月，兄弟二人到达雷州，还曾共游雷州西湖。可苏轼终究无法久留，临别前夜，苏轼因奔波劳顿而致痔疮发作，一夜呻吟不止。苏辙也彻夜不眠，守在兄长床前不停背诵陶渊明的《止酒》诗，劝哥哥务须戒酒。苏轼痛定思痛，接受弟弟的建议，甚至当场作《和陶止酒》诗，以示决心，亦作赠别苏辙。兄弟二人在一起的最后一个夜晚，便如此度过。

也就是绍圣四年（1097）六月十一日，苏轼于雷州徐闻递角场渡海前往海南儋州。苏辙在岸边与哥哥挥手作别，直到看着哥哥那无比熟悉又亲切的身影彻底消失在大海之中。至爱兄弟，竟成永诀！

元符三年（1100）正月，哲宗病逝。徽宗即位，改年号“建中靖国”，四字已见调和新旧党争矛盾的初衷。苏轼兄弟双双蒙赦北还。

苏辙先一步回到颍昌，期待哥哥能和自己住到一起。可颍昌离汴京实在太近，苏轼想远离政坛，遂于常州买房，欲于此安家。不料经历人生种种磨难后，身体终究要油尽灯枯了。建中靖国元年（1101）七月，苏轼在江苏常州去世。

临终前，苏轼说他唯一的遗恨是不能再见弟弟一面。他对友人钱济明说：“万里生还，乃以后事相托也。惟吾子由，自再贬及归，不复一见而诀，此痛难堪。”（何薳《春渚纪闻》）他留下遗言，要苏辙葬他在嵩山之下，并为他作墓志铭。苏辙闻讯，悲痛万分，含泪为兄撰写祭文，说“手足之爱，平生一人”（苏辙《祭亡兄端明文》）。不久又作《追和轼归去来词》，其后又作《亡兄子瞻端明墓志铭》。

苏辙为苏轼所作的墓志铭详尽叙述了苏轼一生的事迹，高度评价了苏轼的文学成就。曾枣庄先生在《苏辙评传》中说：“这是宋代第一次对苏轼生平作系统论述的文章，为研究苏轼生平提供了最原始最权威的资料。”以后写苏轼的各种传记和年谱大都以此为依据。

苏辙在文中首先描摹了苏轼之死在当时引起的巨大反应：

> **吴越之民相与哭于市，其君子相与吊于家，讣闻四方，无贤愚皆咨嗟出涕，太学之士数百人，相率饭僧慧林佛舍。**

随后记述了苏轼的家世，展现苏轼一生的经历，最后交代苏轼的家庭成员及其著述、书法等。为亦师亦兄的兄长撰写墓志铭，苏辙的笔端充满着感情。铭文结尾写道："我初从公，赖以有知。抚我则兄，诲我则师。皆迁于南，而不同归。天实为之，莫知我哀。"字字句句，深情无限，对兄长的怀念之情跃然纸上。

崇宁元年（1102），党祸再起，为了远离政治旋涡，苏辙于次年离开了与京城较近的颍昌，避居到离京城较远的汝南（今属河南）。客居汝南时，苏辙三次想重返颍昌，但都因子女担心时局险恶而被劝阻。一年后，苏辙于崇宁三年（1104）正月五日返回颍昌。自此，晚年苏辙"不复与人相见，终日默坐，如是者几十年"。

躬耕垄亩、建筑房舍之外，苏辙的日常生活就是教敕诸子弟，以读书著述为乐。诸子弟中包括苏辙自己的子孙，也包括苏轼的后代。此时，苏轼之子苏迈、苏迨、苏过都已长大，苏辙更多地是在教育他们的下一代。苏辙一生著述甚丰，学术著作比苏轼还多。苏辙晚年闲居颍昌，得以在十年里从容整理旧文，正所谓“眼看世事知难了，手注遗篇近一新”。

假若单从苏辙的晚年生活来看，他似乎重新变回了那个安静的苏辙，甚至成为一个独善其身、与世无争的隐士。其实并非如此。作为一个有理想，并经历了人生风浪的知识分子，他不曾放弃兼济天下的心愿。对于百姓疾苦，他始终挂在心上；对于朝堂黑暗，也从来不曾放弃批判，写下不少反映现实生活的诗篇与揭露腐败的政论。

政和二年（1112）十月三日，苏辙病逝于颍昌，享年七十四岁。去世前，他一直记得哥哥当年在狱中写给他的诗：“与君世世为兄弟，更结人间未了因。”今生是兄弟，来世还做兄弟，生生世世都要做兄弟。于是在临终前，苏辙交代后人，把自己葬在哥哥身边。兄弟二人生前未能完成的夜雨对床之约，死后终于实现！

“友爱弥笃，无少怨尤，近古罕见”，岂止“近古”，实在“千古”罕见。

那些一起读过的书、和过的诗，那些一起喝过的茶、饮过的酒，那些一起经过的坎坷流离、风风雨雨，都不过是这对“千古未有之兄弟”的人间注脚。

参考文献

《宋史》

《宋史纪事本末》

《嘉祐集》

《苏轼文集》

《苏轼诗集》

《栾城集》

《苏氏族谱》

《欧阳文忠公集》

《临川集》

李　廌　《师友谈记》

方　勺　《泊宅编》

邵伯温　《邵氏闻见录》

邵　博　《邵氏闻见后录》

王辟之　《渑水燕谈录》

张　耒　《明道杂志》

叶梦得　《石林燕语》

叶梦得　《避暑录话》

马永卿　《元城语录》

陈长方　《步里客谈》

曾敏行　《独醒杂志》

陈　鹄　《耆旧续闻》

高文虎　《蓼花洲闲录》

朱　弁　《曲洧旧闻》

朱　弁　《风月堂诗话》

施德操　《北窗炙輠录》

佚　名　《瑞桂堂暇录》

蒋一葵　《尧山堂外纪》

叶　寘　《爱日斋丛钞》

张端义　《贵耳集》

杨万里　《诚斋诗话》

范　温　《潜溪诗眼》

赵令畤　《侯鲭录》

吕希哲　《吕氏杂记》

曾季狸　《艇斋诗话》

费　衮　《梁溪漫志》

蔡　絛　《西清诗话》

冯梦龙　《古今谭概》

周　辉　《清波杂志》

何　薳　《春渚纪闻》